스님의 물건

스님의 물건

초판 1쇄 인쇄 2016년 7월 1일
초판 1쇄 발행 2016년 7월 10일

글·사진 유철주
펴낸이 김윤희 **펴낸곳** 맑은소리맑은나라
디자인 방혜영
일러스트레이터 정기란

출판등록 2000년 7월 10일 제 02-01-295 호
주소 부산광역시 중구 대청로 126번길 18 동광빌딩 201호
전화 051-255-0263 **팩스** 051-255-0953
이메일 puremind-ms@hanmail.net

ISBN 978-89-94782-54-6 03220
값 15,000원

스님의 물건

맑은소리
맑은나라

벌써 몇 년 전이다. 이 책에도 인터뷰가 게재된 혜담 스님을 뵈러 광주 각화사에 갔었다. 말씀을 듣던 중 스님은 필자에게 보여 줄 것이 있다고 했다. 잠시 후 스님은 단정하게 표구된 액자를 가지고 나왔다. 액자 속 물건은 바로 보리수 잎. 그것은 스승 광덕 스님에게 받은 것이었다. 보리수 잎에 대한 설명이 이어졌다. 스님은 스승에게 받은 물건을 수행의 동반자로 생각하고 있었다. 곧 제자에게 물려줄 것이라는 말도 했다. 깔끔하게 생긴 액자보다 진정성이 듬뿍 묻어나는 스님의 말씀이 더 가슴에 다가왔다. 스님의 말씀을 들으며 구상한 결과물이 바로 이 책『스님의 물건』이다.

많은 스님들을 뵙기 위해 여전히 전국을 다니고 있다. 가슴에 남을 만한 가르침을 받는 것도 즐겁지만, 스님들의 소소한 이야기도 재밌다. 혜담 스님의 보리수 잎을 보면서, 다른 스님들의 물건도 찾아보기로 마음먹었다.

승가에는 전통적으로 '비구 18물'이라는 것이 전해져 온다. 쉽게 말해 스님들이 꼭 지녀야 할 물품이라 할 수 있다. 치아를 정리하긴 위한 치목齒木에서부터 예경을 올려야 하는 불상佛像에 이르기까지 다양하다. 가짓수가 많다고 해서 오해하면 안 된다. 현대인의 기준으로 보면 있어도 그만 없어도 그만인 것들일 수 있다.

열여섯 분의 수행자를 만나면서 찾은 물건에는 '비구 18물'에 들어가는 것도 있고 그렇지 않은 것도 있었다. 그래도 수행자들에겐 모두 소중한 것들이었다.

'스님의 물건'에는 그 스님의 정신과 원력願力이 깃들어 있었다. 스승으로부터 받은 것, 현재 하고 있는 일과 관련된 것, 공부와 정진을 위해 마련한 것 등 종류는 다양했다. '물건'을 통해 수행자들의 삶을 알 수 있었다. 형태가 있는 것은 아니었지만 마음 자세를 강조한 물건들도 신선했던 기억이다.

'수행'이 어려움에 처해 있다. 수행처가 아닌 곳이 없고, 세상의 모든 존재가 선지식善知識임에도 사람들은 만족하지 못하고 있다. 지금 이 시대를 대표하는 수행자 열여섯 분의 '물건'을 보면서 많은 사람들이 더 열심히 수행하고 정진했으면 하는 바람이다.

몇 년 전 첫 책『산승불회』를 냈을 때와 비교해도 여전히 빛이 보이지 않는 불교 언론 환경이 좀 더 나아지고 불교출판 역시 더 발전했으면 좋겠다. 정말 고군분투하고 있는 불교 언론인들과 출판인들에게 감사와 존경의 마음을 전한다. 출판을 결심해 준 맑은소리 맑은나라 김윤희 대표님을 비롯한 임직원들도 고맙다.

언제나 깊은 가르침을 주시는 고우 큰스님, 적명 큰스님, 원택 큰스님께 항상 감사드리고 옆에서 항상 응원해주는 동반자 김보배님, 아들 유지호, 딸 유지은도 영원히 사랑한다.

2016년 7월
유철주

1

조계종 원로의원 · 보은 법주사 조실 월서 스님

"선묵일여禪墨一如라고 하였습니다. 선 수행은 고요함이요 지혜의 빛입니다. 묵에 임할 때는 번뇌망상을 쏟아버립니다. 그래서 선묵은 하나인 것입니다. 선과 서예에는 공통점이 있습니다. 바로 수행과 연습에 고비가 많다는 점입니다. 그 고비 고비마다 뛰어넘고, 수행과 정진을 이어가야 비로소 맑고 고요함에 이를 수 있게 됩니다."

조계종 원로의원 · 보은 법주사 조실
월서 스님

일필휘지一筆揮之 붓처럼 살아보자

조실祖室. 사찰의 최고 어른이다. 수많은 대중들을 지도할 뿐만 아니라 절을 찾는 불자들에게도 삶의 방향을 제시하는 선지식善知識이다.

우후죽순 생겨난 조계종의 여러 총림叢林과 견주어도 전혀 사격寺格이 뒤지지 않는 속리산 법주사 조실로서 후학들을 제접하고 있는 어른이 월서 스님이다. 월서 스님은 2013년 9월 대중들에 의해 조실로 추대됐다. 스님의 스승 금오 대종사 열반 45주기 추모다례 자리에서다.

월서 스님은 추대 수락법어에서 '萬事和恭 不自滿 一心誠敬 恒尊人 (만사화공 불자만 일심성경 항존인)', 즉 '만 가지 일을 함에 있어 공손하게 자만을 내려놓고 한결같은 마음으로 남을 먼저 진실로 공경하고 항상 존경하는 사람'이란 좌우명을 소개하면서 조실로서의 책무를 다하겠다는 의지를 밝혔다.

월서 스님은 "은사이신 금오 큰스님과 만사형 월산 스님이 조실로 주석하셨을 때 법주사가 가장 번성했고 청정계율과 수행가풍을 떨쳤다."며 "'공경'과 '하심'으로 법주사와 금오문도를 화합공동체로 일구겠다."고 강조했다.

조실 소임을 맡은 지 3년째, 스님은 지난해 동안거 결제를 맞아 법주사 대중들에게 법어를 내렸다. 법어 중 일부분이다.

본분상의 큰 눈으로 山河大地 (산하대지)가 淸淨法身 (청정법신)이요 森羅萬象 (삼라만상)이 본래 부처인데 지혜가 암둔하고 업장이 후중한 우리 중생들로서는 동정을 같이 하는 부처를 부처로 볼 줄 모르며, 청정법신 속에서 호흡을 같이하고 살면서도 청정법신의 진체를 보지 못하는 것이 그저 안타깝고 답답하기 한량없습니다.

결제란 어디다 하는 것이며 해제는 어디다 하는 것인지, 분명한 답을 기다리지 않을 수가 없습니다. 결제가 따로 없고 해제가 따로 없는 쇄락한 장부가 오늘에야 한층 더 그리워지기만 합니다.

得樹攀枝未足寄 　懸崖撒手丈夫兒
득 수 반 지 미 족 기 　현 애 철 수 장 부 아

나뭇가지를 휘어잡아 붙드는 것도 신통할 것은 전혀 없다.

스님의 물건

벼랑에서 두 손을 놓고 따로 설줄 알아야 장부라 할 것이다.

若人修道道不行　　萬般邪竟競頭生
약 인 수 도 도 불 행　　만 반 사 경 경 두 생

智劍出來無一物　　明頭未現暗頭明
지 검 출 래 무 일 물　　명 두 미 현 암 두 명

도란 닦으려면 되려 닦아지지 않나니 온갖 삿된 소견만 다투어 일어날 뿐
지혜의 칼 휘둘러 한 물건도 없으면 밝음이 오기 전에 어둠이 밝아지리라.
(중략)

이번 동안거에는 아뢰야식에 억겁토록 저장된 업종자를 惺惺寂寂^(성성적적)한 話
頭一念^(화두일념)으로 쓸어내야 합니다. 요새 나온 진공청소기 역할이 그러듯이
火焰光中^(화도광중)에 白蓮^(백련)이 綻開^(탄개)될 것입니다.

대중들이 90일간의 정진에 들어간 뒤 월서 스님은 주로 법주사에 머물며 후학
들을 챙기고 있었다. 그러던 중 스님이 잠시 서울 주석처인 봉국사에 계시다는
얘기를 듣고 급히 발걸음을 재촉했다.

회향, 또 다른 시작

알려져 있듯이 월서 스님은 금오 스님의 제자로 출가 후 다양한 소임을 맡으

서울 정릉 봉국사 전경

스님의 물건

며 수행을 함께 해왔다. 지금은 조계종 최고 법계法階인 대종사大宗師이자 원로의
원이다.

"전쟁의 참상을 겪고 금오 큰스님을 만나 출가했습니다. 큰스님께서는 '우주
의 섭리에서 보면 나고 죽는 것 또한 풀잎 위의 이슬처럼 허망한 것이다. 망상
의 번뇌에서 벗어나 대자유를 얻고 싶으면 출가하라'고 권하셨습니다.

1956년 구례 화엄사에서 금오 큰스님을 은사로 사미계를, 1959년 부산 범어
사에서 동산 큰스님을 계사로 비구계를 받았습니다.

그리고 큰스님의 원력에 따라 불교정화에 동참하고 이런 저런 소임을 맡다보
니 벌써 80을 훌쩍 넘기고 있어요. 하하. 오랜 전부터 제 삶의 회향을 준비하
던 중 일을 하나 찾게 되었습니다."

스님은 2012년 2월 캄보디아 승왕 텝봉 스님의 초청으로 현지를 방문했다. 그
런데 산간 오지와 빈민촌을 둘러보면서 해맑은 아이들이 교과서도 없이 공부
하는 모습을 보면서 안타까운 마음을 감출 수 없었다. 그때 스님은 캄보디아
발전을 위해서는 무엇보다 필요한 것이 교육이라는 생각이 들어 현지 지원활
동을 시작했다. 그해 6월 천호희망재단을 만들었고, 이렇게 시작된 사업은 캄
보디아뿐만 아니라 미얀마, 라오스, 네팔을 비롯한 동남아 국가로 확대되고
있다.

"중앙종회의장과 호계원장, 불국사 주지 등을 역임하는 등 60여 년 간 종단의
은덕을 입고 수행자로서 부끄러움 없이 살아왔다고 생각했는데, 막상 종단 행
정을 놓고 물러앉으니 사회와 국민들을 위한 역할이 미진했음을 알게 됐습니
다.

그러다 불교국가의 어려운 사정을 눈으로 보게 된 것이죠. 이들 나라는 외세
침입과 내부 문제로 인해 전 국민이 어려운 환경에 처해 있습니다. 극심한 부의

편중과 낮은 교육으로 인한 가난의 대물림, 수질 등 열악한 생활환경은 차마 말로 표현하기 어렵습니다.

가난한 나라는 모든 것이 열악하고 모두 힘들지만 특히 자라야 할 아이들의 상황은 더 가슴 아픕니다. 아이들이 제대로 못 배운다는 것은 한 가정, 한 국가의 미래가 끊기는 것과 같아요. 캄보디아, 라오스 어디를 가든 지붕이 낡아 우기 때면 시도 때도 없이 내리는 비를 피할 길이 없어 수업을 제대로 진행하지 못합니다. 화장실은 물론 식수 등 어느 것 하나 제대로 갖춰진 곳이 없었어요. 한번은 캄보디아 씨엠립의 한 마을에 쌀 1톤을 지원하고 돌아오는 길에 뼈가 앙상한 아이들과 마주쳐 한없이 운 기억입니다.

그때 원력을 세웠어요. 비록 내가 가난을 해결하지는 못하지만 손닿는 데까지 지원을 해서 부처님을 믿는 나라에서 굶주리는 아이, 시설이 낡아 배움을 중단해야하는 아이가 있어서는 안 되겠다고 말입니다."

스님은 어린이들 생각에 한동안 말씀을 잇지 못했다. 그래서인지 아이들을 도와야 한다는 의지가 더 절실하게 느껴졌다.

"라오스, 캄보디아, 네팔, 미얀마 등 불교국가를 돌 때마다 늘 많은 가르침을 배우고 감동을 받습니다. 우리 재단은 후원을 받지 않아 지원 규모가 크지 않고 실무자도 많지 않아 역할이 제한적이지만 조급해하지 않습니다. 저의 기여는 적지만 그보다 훨씬 더 크고 넓은 꿈을 펼치는 아이들이 있기에 부처님의 나라를 갈 때마다 환희에 젖습니다. 우리 불자님들도 이 기쁜 행렬에 동참하기를 바랍니다."

스님은 인재양성의 중요성을 여러 차례 강조했다.

"'십년수목백년수인(十年樹木百年樹人)' 이란 말이 있습니다. 「관자管子」에서 유래된 '10년을 내다보며 나무를 심고, 100년을 내다보며 사람을 심는다'는 뜻으로

캄보디아에서 고등학생들에게 교과서 및 학용품을 전달하고 있는 월서 스님

인재를 양성하는 일의 중요성을 비유하는 고사성어입니다.

「관자管子」 '권수權修' 편에 '1년에 대한 계획으로는 곡식을 심는 일만한 것이 없고, 10년에 대한 계획으로는 나무를 심는 일만한 것이 없으며, 평생에 대한 계획으로는 사람을 심는 일만한 것이 없다. 한 번 심어 한 번 거두는 것이 곡식이고, 한 번 심어 열 번 거두는 것이 나무이며, 한 번 심어 백 번 거둘 수 있는 것이 사람이다(一年之計 莫如樹穀 十年之計 莫如樹木 終身之計 莫如樹人 一樹 一獲者穀也 一樹十獲者木也 一樹百獲者 人也)'고 했습니다.

여기서 곡식을 심거나 나무를 심는 일은 모두 사람을 심는 일, 곧 인재를 양성하는 일의 중요성을 강조하기 위한 말이지요. 인재를 양성하는 일은 국가의 미래가 걸려 있는 일인만큼 100년 앞을 내다보고 계획을 잘 세워 진행해야 한다는 뜻입니다. '교육은 백년대계百年大計'라는 말도 여기서 비롯되었습니다. 중요한 것은 각 나라의 미래를 짊어질 어린이들의 교육입니다."

그러고 보니 스님은 지난 2015년 봄 팔순 기념 서예전 '동남아 오지 학교건립 및 장학금 조성을 위한 천호월서선사 산수전'을 개최했다. 이 서예전 역시 천호희망재단 차원에서 진행하는 해외구호, 교육지원활동 기금을 마련하기 위한 자리였다. 여기서 자연스럽게 '스님의 물건'도 확인할 수 있었다.

붓으로 쓴 마음 글씨

당시 전시회에는 원효, 무학, 나옹, 서산 대사 등 고승부터 근현대 역대 선지식들의 오도송, 열반송을 소재로 한 서예작품 400여점이 선보였다. 또 스님이 소장하거나 찬조 받은 작품 30여점도 함께 전시됐다. 전시회를 통해 많은 사람들의 마음을 확인했다. 지속적으로 교육사업을 할 수 있는 기반을 조성한 셈이다.

스님은 매일 자정에 일어나 새벽 5시까지 6개월 동안 정진하듯 400여점의 글씨를 썼다고 한다. 월서 스님은 지난 30여 년 동안 '선묵일여禪墨一如' 정신으로 정진을 해왔다.

스님은 "선묵일여禪墨一如라고 하였습니다. 선 수행은 고요함이요, 지혜의 빛입니다. 묵에 임할 때는 번뇌망상을 쏟아버립니다. 그래서 선묵은 하나인 것입니다. 선과 서예에는 공통점이 있습니다. 바로 수행과 연습에 고비가 많다는 점입니다. 그 고비 고비마다 뛰어넘고, 수행과 정진을 이어가야 비로소 맑고 고요함에 이를 수 있게 됩니다."라고 말했다.

스님은 "선지식들의 오도송, 열반송 작품을 통해 속박과 번뇌, 미망과 아집에서 벗어난 적멸의 순간을 직접 친견하는 느낌을 갖게 되길 바랐다."며 "지난 전

스님의 물건

시가 마지막 서예 전시가 될지 모른다는 생각에 더욱 정성을 다했다."고 덧붙였다.

원로 서예가인 구당 여원구 화백은 "월서 스님의 글씨에는 추사의 기상이 서려 있다." 며 "글씨에 뼈가 있고, 작품을 마주하면 옷 매무새를 가다듬을 만큼 청정한 기상이 뿜어져 나온다."고 평하기도 했다.

월서 스님은 1985년 경주 불국사 주지 소임을 마치고 서예가 운남 스님으로부터 서예를 배우기 시작했다. 하지만 글쓰기가 어려워 중도에 몇 번이나 포기했다고 한다. 그래도 멈추지 않았다.

"글씨를 쓰며 몸과 붓이 하나가 되는 삼매 ^{三昧}에 들 때는 하루 2시간만 자도 몸이 거뜬했습니다."

스님은 무심코 글을 쓰다가 『금강경』 5400자의 대작을 완성하기도 했다. 서예가라면 마땅히 도전해야 할 관문이었다. 월서 스님이 오랜 기간 붓과 씨름하면서 추사체를 60%가량 완성했다고 생각할 무렵인 2007년, 종단 대표로 북한을 방문할 기회가 있었다. 이때 북한동포들, 특히 어린이들의 핏기 없는 얼굴을 목격하고 처음으로 서예전을 열어 도움을 주기도 했다.

스님이 좋아서 많이 썼다는 글귀는 '처염상정 ^{處染常淨}'과 '상락아정 ^{常樂我淨}'이다. '아무리 더러운 곳에 있어도 물들지 않음'과 '청정함을 통해 기쁨을 얻음'은 수행자의 본분이요, 누구라도 마음에 새기면 고통을 물리치고 즐거움을 얻을 수 있다는 뜻이라고 한다.

"추사는 살아 생전에 세 번에 걸쳐 자기 작품을 회수하여 소각했다고 합니다. 그만큼 자기 작품에 엄격했다는 의미입니다. 글씨에는 정신이 들어 있기 때문입니다. 따라서 작품을 하면서 혼신을 다 하지 않을 수 없었고, 붓과 내가 일

스님에게 붓글씨는 또다른 수행이다.

체가 되지 않을 수 없었습니다."

추사에게도 그렇지만 스님에게도 붓은 이미 몸의 일부였다. 월서 스님은 "누구든지 붓을 잡으면 잘 쓰게 될 거라 생각하지만 몇 번이고 좌절을 맛보게 된다. 나도 20년은 더 해야 글씨가 그나마 나아질 것 같은데, 그때까지 살아 있을지 모르겠다."며 웃었다.

한창 스님의 말씀을 듣던 중 접견실의 글씨들이 눈에 들어오기 시작했다. 병풍에 새겨진 『반야심경』이 꿈틀거렸다. 영가 대사의 『증도가』 한 대목도 살아 숨쉬고 있었다.

　　　　不求眞不斷妄　　了知二法空無相
　　　　불 구 진 부 단 망　　요 지 이 법 공 무 상

　　　　無相無空無不空　　即是如來眞實相
　　　　무 상 무 공 무 불 공　　즉 시 여 래 진 실 상

　　　　참됨도 구하지 않고 망령됨도 끊지 않나니
　　　　두 법이 공하여 모양 없음을 분명히 알았도다.
　　　　모양도 없고 공도 없고 공 아님도 없음이어
　　　　이것이 곧 여래의 진실한 모습이로다.

스님은 2016년 붉은 원숭이띠 해, 병신년丙申年 새해를 앞두고 불자들과 국민들에게 전하는 당부의 말씀도 빼놓지 않았다.

"절은 목욕탕입니다. 육신의 때를 벗기는 곳이 목욕탕이라면 마음의 때를 벗기는 곳이 바로 절입니다. 지식이 아무리 많은 사람도 마음에 때가 끼면 안개

스님의 글씨 佛心

가 낀 듯하여 참모습을 볼 수 없어요. 그러니 참마음을 깨치고 본마음을 항상 여여하게 가져야 하는 것이 중요합니다. 황금 향락 만능주의가 팽배한 현재 우리는 자기 마음가짐을 올바로 해야 할 것입니다.

또 자신의 그림자도 자기 것이 아닙니다. 내 생각, 내 것이라는 그 마음을 내려놓으면 자신도 모르게 큰 부자가 될 것입니다.

금오 큰스님께서는 이런 게송을 남기셨습니다. '은혜를 입었다면 찰나마다 갚아라(有恩念念報, 유은념념보). 그렇게 하면 하늘의 도에 부합하리라(報則合天道, 보즉합천도). 원한을 지었으면 찰나마다 풀어라(有寃念念解, 유원념념해). 그렇게 하면 번뇌가 사라지리라(解則無煩惱, 해즉무번뇌)'. 누구나 이 말씀을 가슴에 새기고 살면 부끄러움 없는 성공적인 인생이 될 겁니다."

스님은 여생을 흐르는 물, 흰 구름같이 살고 싶다고 했다. 출가 초기 발원했던 운수납자의 삶이다. 마지막으로 스님은 『금강경 오가해』의 한 구절을 던졌다.

竹密不防流水過　　山高豈碍白雲飛
죽 밀 불 방 류 수 과　　산 고 기 애 백 운 비

대나무가 아무리 빽빽하다 해도 물 흘러가는 것을 막지 못하고
산이 아무리 높아도 흰 구름 나르는 것에 장애가 되지 않는다.

월서 스님의 멋진 회향이 앞으로 더 기대된다.

　　　　　　　　　　　　　　　　　　　　　　　　　스님의 물건

"좋은 일을 하면 좋은 일이 생깁니다. 이것이 부처님의 진리입니다. 외롭다 하지 말고 남을 도우면 행복이 쏟아집니다. 좋은 일을 하는 최고의 물건이 자신의 몸과 입과 마음입니다. 여기에서 부처님의 모든 영험이 쏟아져 나오는 만큼 세 가지를 가지고 열심히 정진하여 행복하시기를 기원합니다."

부산 삼광사 주지
무원 스님

수행하고 실천하는
신구의身口意가
최고의 물건

한국불교를 빗대는 여러 말들 가운데 하나로 '사진빨 불교'라는 것이 있다. "어쩜 저기 저 자리에 저렇게 멋지게 서 있을까?"라는 탄성이 절로 나올 만큼 '명당'을 차지하고 있는 사찰들을 일컫는 말이다. 사진만 보면 정말 기가 막힌다. 붓을 던지기만 해도 그림이 된다고 하듯이 셔터만 눌러도 사진이 된다.

그런데 중요한 것은 그 '사진빨'이 아니다. 문제는 아무도 차지하지 못한 그 공간에서 어떻게 부처님 법法을 공부하고 세상 사람들에게 잘 전하느냐이다.

나름 열심히 하는 사찰이 많지만, 그저 등산로만 바라보며 오가는 관광객 숫자 세기에 여념이 없는 곳도 적지 않다. 씁쓸하지만 한국불교의 현실이다.

부산 삼광사, 미국의 뉴스전문 채널 CNN이 '한국의 아름다운 곳 50선'에 선정할 정도로 봉축 장엄등이 화려하고 아름다운 절이다. 처음 봤을 때의 삼광사 '사진빨'은 여느 사찰보다 강렬했다.
언제쯤 저 '사진빨' 속으로 빨려 들어갈 수 있을까만 생각하다 기회가 왔다. 전부터 여러 차례 취재를 하면서 뵀던 무원 스님이 새 주지소임을 맡았다는 소식이 전해졌다. 그런데 이상할 만큼 삼광사의 인연은 쉽게 만들어지지 않았다. 2013년 2월에 스님이 소임을 시작했으니 2년 몇 개월이 지나서야 삼광사를 찾을 수 있었다.

동산 스님의 말씀처럼 '견디고 참고 기다린耐忍待'만큼 삼광사 경내 곳곳을 찬찬히 살펴보며 발걸음을 옮겼다.
일주문을 지나 경내로 들어서니 높게 뻗어 있는 108계단이 먼저 눈에 들어왔다. 부담스러웠지만 '3보 1숨'을 하며 올라갔다. 막 땀이 나오려 할 때쯤 계단을 다 오르니 이번에는 조그만 공원이다. 계속 오르기만을 강요하는 다른 절과는 달리 찬찬히 숨 한 번 크게 쉴 수 있는 '차별화된 곳'이다. 아담한 공원에 앉아 부산 시내를 한번 훑어본 뒤 경내로 들어서니, 주지스님을 닮은 듬직한 포대화상이 큰웃음으로 환영인사를 대신한다.
이어 지관전, 지장전, 극락전을 지나 대웅보전, 오십삼존불팔각구층대보탑에 들러 참배하고 법화삼매당으로 갔다. 그런데 가는 길이 만만치 않았다. 마침 매월 양력 1~2일에 진행하는 정기법회가 있어서 경내 곳곳이 불자들로 가득했

　　　　　　　　　　　　　　　　　　　스님의 물건

삼광사를 장엄한 봉축등

다. 이틀간 만 명 이상의 불자들이 오는 절다웠다. 법회가 진행되고 있는 지관
전에 가보니 수천 명의 불자들이 주지스님의 법문을 듣고 있다. 단위 사찰에서
진행되는 법회 중 가장 큰 규모가 아닐까 싶었다.

법문을 마친 무원 스님을 만난 것은 시간이 한참 흐른 뒤였다. 삼광사 신도들
뿐만 아니라 서울에서 온 불자들까지 제접하고 나서야 스님은 겨우 한 숨을
돌릴 수 있었다.

"삼광사는 한국불교의 자존심"

"삼광사와의 인연은 주지로 오면서 시작되었지만, 출가 초기에 삼광사의 모태
사찰인 광명사에서 노전 생활을 한 것이 씨앗이 되어 이제야 열매를 맺지 않았
나 생각이 됩니다."

스님은 삼광사 주지소임 전에 이미 삼광사와의 인연을 갖고 있었다. 부산 동
래에 있던 광명사에서 소임생활을 한 것이다. 스님은 삼광사가 한국불교의 자
존심이라고 강조했다.

"삼광사는 한국불교의 자존심이며, 세계불교의 꽃입니다. 아직 보완해야 할
점들도 많지만 크게 봤을 때 생활불교, 대중불교를 실천해야 하는 우리시대에
한국불교뿐만 아니라 세계불교가 가야 하는 길을 삼광사가 앞장서서 걸어가
고 있다고 봅니다.

삼광사는 공식 신도가 37만 명으로 매월 양력 1~2일 정기법회에 1만 5000여
명 이상이 동참하고, 매월 5만 명 넘는 사람들이 참배합니다. 스님 10여 분이
상주하며 신도들과 함께 수행합니다. 운영은 신도회 중심으로 이루어지고 있

습니다. 천태종의 특징 중 하나가 신도들이 중심이 되어 사찰을 이끌어가는 것인데, 삼광사는 신도회장을 중심으로 지부, 각 지회, 신행단체, 산하단체 등의 간부 1300여명이 솔선해서 신심信心으로 봉사하고 있습니다. 이렇게 우리가 유기적으로 움직일 수 있는 것은 상월원각 대조사님의 '애국불교', '대중불교', '생활불교'의 큰 가르침이 근본이 되기 때문입니다."

삼광사에서 특히나 인상적이었던 것은 법화삼매당에 마련된 지역법회 사무실이었다. 수십 개의 방에는 오가는 사람들로 북적였다. 어쩌면 이 사무실에서 삼광사의 힘이 만들어지고 있는지도 모른다.

오래전부터 관음주송觀音呪誦 중심으로 수행을 해온 삼광사지만 무원 스님 부임 이후에는 좀 더 적극적인 수행과 사회적 실천을 병행해 나가고 있다. 스님은 말씀을 이어 나갔다.

"모든 신도들이 동참하는 정기법회와 간부들을 위한 간부법회, 신행방법과 기초교리를 강설하는 새신도법회가 골간을 이루며 노보살님들과 『법화경』을 함께 강독하는 대자비실버법회와 금강불교대 총동문회법회, 각 산하단체 법회가 있으며 외국인 불자들을 위한 법회도 개설했습니다. 특히 베트남불자 법회는 매주 봉행되고 있습니다.

그리고 청소년 인성교육센터를 통해 정서안정을 위한 인성교육법회를 하고 있습니다. 사회적 명사名師나 청소년 지도자 등을 초청해 아이들과 함께 호흡하는 프로그램도 진행합니다. 그동안 '힐링광장'을 통해 대사회 봉사활동을 전개해 온 것을, 사단법인 '나눔광장'을 만들어 보다 체계적으로 나눔문화를 펼쳐나가고 있습니다.

이렇게 삼광사는 남녀노소 누구나 동참 가능할 수 있도록 다양한 계층과 성격에 맞는 법회와 신행생활을 만들어가고 있습니다. 이와 함께 삼광사 내 50여개 단체에서 한 달에 한 번씩 선행불사를 진행하여 사회에 나눔과 봉사가 활성화 될 수 있도록 유도하고 있습니다. 또 매주 금, 토, 일요일에는 힐링콘서트를 열어 시민과 불자들에게 '쉼'의 여유를 드립니다."

'사진빨'을 뛰어 넘는 콘텐츠가 삼광사에 있었다. 특히나 눈길을 사로잡은 것은 삼광사의 정진 프로그램이었다. 매월 10일 동안 진행하는 관음주송에는 수천 명이 동참한다.

"삼광사는 관음기도성지로 관음주송을 매월 10일 동안 철야정진으로 합니다. 매월 1~3일 각 단체 간부들이 신도들과 함께 책임기도를 하고, 매월 셋째주 일요일부터 토요일까지 특별기도주간 철야정진을 2~3000여 명이 동참한 가운데 진행합니다.

그리고 매일 하루를 행복하게 만드는 예불기도 수행을 하는데 새벽 3시에는 희망과 행복을 위한 새벽예불, 오전 10시 30분 가족건강과 화목을 위한 사시천수관음기도, 오후 5시 안락과 평화를 위한 저녁예불, 저녁 7시 행복·동행길 108참회계단 묵언힐링 명상걷기수행, 저녁 9시 직장인의 행복을 위한 108배 참회관음기도, 밤 10시 걷기명상 힐링 탑돌이 수행, 밤 11시 참 나를 찾는 수행 관음정진을 시간대별로 정하여 자신의 여가 시간에 신행생활을 할 수 있도록 하고 있습니다."

단순히 '염불'만 하는 사찰이 아닌 것이었다. 관세음보살 명호를 부르며 각자 사정이 다른 불자들이 자신의 상황에 맞게 기도할 수 있도록 배려한 것이다. 이러한 불자들의 기도는 사회적 회향과 나눔으로 이어지고 있다. 이것은 무원 스님이 평생 강조하고 실천해온 것이기도 하다.

스님의 물건

"사람들은 영험을 받으려고만 생각하지 스스로 만들어가려는 생각은 잘 하지 않습니다. 하지만 영험가피를 받았다는 사람들을 보면 표현을 '받았다'고 한 것일 뿐 사실은 스스로 영험을 만든 사람들입니다.

부처님께서도 『아함경』에서 '착한 행을 실천했다면 멈추지 말고 계속해서 행해야 하느니라. 선행을 이어가면 복덕이 쌓여서 언제 어디서나 행복이 찾아온다'고 말씀하셨습니다. 몸과 입과 마음으로 좋은 일을 하면 좋은 일이 있기 마련이고, 영험도 스스로 만들어 낼 수 있는 것입니다. 그래서 나눔과 보시, 봉사, 기부문화에 대한 이해를 높이기 위해 '대승보살도수행'을 해야 한다는 것을 강조하고 있습니다."

이러한 삼광사의 수행과 실천은 이미 무원 스님이 주지소임을 맡았던 다른 사찰들에서도 꽃을 피웠던 것들이다.

멈추지 않는 사회적 실천

최근의 경우만 봐도 금방 이러한 사실을 확인할 수 있다. 스님은 인천 황룡사 주지 시절 '남북통일도량'이라는 슬로건을 내걸었다. 새터민을 위한 템플스테이를 열고, 남한 사회 적응에 고충을 토로하는 탈북자들의 안전한 정착을 물심양면으로 도왔다. 서울 명락사에서는 '다문화 사찰'을 테마로 삼았다. 명락사가 서울 관악구에 위치하고 있어 상대적으로 외국인 노동자들이 많이 사는 지역인 것에서 아이디어를 착안해 냈다.

중국에서 온 조선족은 물론 인도와 네팔, 방글라데시, 스리랑카, 필리핀, 말레이시아, 인도네시아, 타이, 캄보디아, 베트남, 라오스 등에서 온 이들에게 명락

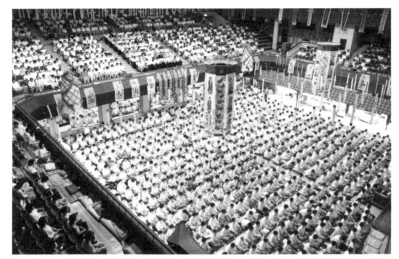

지관전에서 정진하고 있는 삼광사 대중들

스님의 물건

사는 포근한 보금자리가 되었던 것이다.

"외국인 노동자들을 위한 한글학교를 열고, 언제든 와서 따뜻한 식사를 할 수 있도록 배려해주고, 한국문화와 전통음식을 체험하고 배울 수 있는 프로그램을 통해 한국생활에 적응할 수 있도록 도와주었습니다.

특히 이혼을 당하거나 남편으로부터 버림받은 결혼이민여성들이 많았는데, 갑자기 거처를 잃은 결혼이민여성들과 자녀들이 새 집과 직장을 얻을 때까지 머물 수 있도록 '명락빌리지'를 운영했죠. 또 다문화 어린이와 명락사 신도 간에 '손자 손녀 인연불사'를 맺게 하여 서로에게 위안이 될 수 있도록 상생문화를 만든 것에 보람을 느꼈습니다."

이에 앞서 스님은 개성 영통사 복원을 진두지휘하기도 했다. 당시 천태종은 북측과 '개성 영통사 복원위원회'를 구성하고 50억원 상당의 기와 46만장, 부대시설 및 단청 재료, 묘목 등을 제공해 1만 8180평 부지에 고려시대 양식으로 30여개 동의 전각을 복원해 2005년 남북공동으로 낙성식을 봉행했다. 벌써 10년의 세월이 흘렀다.

"최초로 경의선 육로를 통한 민간 교류의 문을 열어 기와 10만장을 싣고 영통사에 갔을 때는 북측에서 상상 외로 환대해줘 정말 놀랐습니다. 당시 김정일 국방위원장은 개성 영통사 복원 현장을 3번이나 방문하였으며, 기와 등 남쪽에서 반입되는 자재의 육로운송을 놓고 논란이 벌어지자 영통사 복원자재는 모두 육로로 운송하라고 직접 지시했을 정도로 각별한 관심을 기울였습니다. 사상과 이념을 뛰어넘은 우리의 간절한 염원이 북한의 마음을 움직였다고 생각됩니다.

영통사에서 남북공동으로 칠석불공과 백중천도재를 봉행할 때 비가 억수같이 내렸는데, 우리민족의 아픔이 녹아내리는 듯한 느낌이어서 정말 마음이 뭉클했습니다."

이러한 다양한 활동은 무원 스님을 '천태종 사회활동의 아이콘'으로 자리매김하게 했다. 아직도 많은 불자들은 '천태종' 하면 무원 스님을 떠올릴 정도다.

천태종 사회부장, 총무부장, 총무원장 직무대행과 나누며 하나되기 운동본부 총재, 천태종 복지재단 대표이사 등을 역임했던 스님은 현재 한국다문화센터 고문, 레인보우어린이합창단 이사장을 맡아 다문화인들의 복지활동을 펼치고 있다. 또 부산종교인평화회의(BCRP) 상임회장과 부산우리민족서로돕기운동 상임대표로 있으면서 사할린 동포 돕기를 진행하고 있다.

그렇다면 스님의 이러한 활동은 언제부터 계획되고 실행에 옮겨졌을까? 스님의 출가이야기를 들으면서 어렵지 않게 답을 찾을 수 있었다.

스승의 당부, "수행하고 실천하라"

스님은 1979년 단양 구인사로 출가했다. 부모님의 죽음이 결정적 계기가 됐다.

"어린 시절 부모님 임종을 지켜보면서 생로병사生老病死의 문제를 풀고 '참나'의 존재에 대한 답을 찾고 싶었어요. 그래서 구인사로 갔습니다. 2대 종정을 지내신 남대충 대종사님을 은사로 출가했습니다.

은사스님께서는 '마음 잘 쓰는 것이 도 잘 닦는 것이니, 마음 잘 쓰는 법을 깨달아라'는 화두를 주셨고, 스승께 받은 화두를 가슴에 담고 일을 할 때나 공

스님의 물건

부를 할 때나 누구를 만나든 모든 중생을 부처로 보고 최선을 다하는 마음을 내기 위해 수행하고 있습니다.

은사스님께서는 특히 '수행 잘 하라. 실천하지 않으면 수행이 아니다'는 말씀을 자주 하셨을 만큼, 실천이 수행의 근본임을 강조하셨습니다."

구인사는 천태종의 총본산으로 매년 안거 때는 수 천 명의 불자들이 한 달 동안 정진한다. 낮에는 일하고 밤에는 수행하는 주경야선晝耕夜禪의 삶이다. 대중 생활의 전형典形을 구인사에서 볼 수 있다.

"제가 출가하던 당시에 구인사에 가려면 단양 영춘강을 건너야 했는데 바지선을 타고 강을 건너서 구불구불한 비포장도로를 걸어서 가야했습니다.

그렇게 도착한 구인사 골짜기에는 함석지붕과 콘크리트 슬라브 지붕의 전각 15동이 있었습니다. 전기도 들어오지 않아서 자가발전을 시켜 전기를 사용했고 구봉팔문九峰八門 골짜기의 깨끗한 물을 식수로 사용했어요. 지금이야 상상도 하기 어렵겠지만 그 당시에는 자연 그대로가 수행처였습니다. 옛 시절을 생각하면 감동이 가득했고 행복했습니다. 하하."

스님은 출가 당시 스승의 당부를 잊지 않고 하나하나 실천해 왔다. 조그만 실천이 큰 물결을 만들어낸 셈이다. 스님은 한국불교에 필요한 것은 '시대정신'이라고 강조했다.

"지금은 부처님 당시와 환경도 다르고 사람들이 생각하고 느끼는 것도 모두가 다릅니다. 부처님 불법佛法의 근본을 바탕으로 근기에 맞도록 사람들을 인도해야 합니다. 부처님께서도 대기설법對機說法을 해주셨듯이, 이 시대와 문화를 잘 읽고 사람들이 필요로 하는 것이 무엇인지, 또 어떠한 어려움이 있고 무슨 고민을 하고 있는지를 잘 살펴야 합니다.

우리는 이 시대의 보살菩薩로 거듭나서 중생들의 눈높이에 맞춰 공감대를 만들어가는 상구보리上求菩提 불사가 이루어지게 하고, 어렵고 힘든 중생들을 찾아 하화중생下化衆生 불사도 함께 해야 합니다.

수행과 일은 둘이 아닙니다. 일도 수행이고, 선禪도 수행입니다. 다시 말해 일도 수행처럼 하고, 수행도 일처럼 하라는 것입니다. 일도 선도 한마음인데 중생들이 갈라놓고 생각하니 하는 일마다 최선을 다하는 마음이 생기지 않고 이

스님의 물건

루어지는 일이 없는 것입니다."

스님은 수행과 실천을 여러 차례 강조했다. 그렇다면 스님을 가장 잘 보여주는 '스님의 물건'은 무엇일까? 스님의 답은 간단했다. 그렇다고 해서 그렇게 단순한 것은 아니었다.

"이것을 물건이라고 할 수 있을지 모르겠지만 신구의[身口意], 즉 몸과 입과 마음이 저를 가장 상징적으로 보여주는 '스님의 물건'이라 생각합니다. 물론 다른 사람들에게도 마찬가지라고 생각하고요. 앞에서 이야기했지만 몸, 입, 뜻을 세상의 순리와 이치, 도리에 맞게 잘 사용하면 누구에게나 사랑을 받고 가는 곳마다 원하는 바를 이룰 수 있습니다. 좋은 일을 하면 좋은 일이 생깁니다. 이 것이 부처님의 진리입니다. 외롭다 하지 말고 남을 도우면 행복이 쏟아집니다. 좋은 일을 하는 최고의 물건이 자신의 몸과 입과 마음입니다. 여기에서 부처님 의 모든 영험이 쏟아져 나오는 만큼 불자 여러분들께서도 이 세 가지를 마음 속에 새기면서 열심히 정진하여 행복하시기를 기원합니다."

스님은 부산 해운대 불자들이 마음껏 정진하고 실천할 수 있도록 '해영사'를 새로 창건하는 불사佛事를 준비하고 있다. 그동안 스님이 보여준 원력願力이라 면 새 불사도 뭔가 다를 것이라는 생각이 든다. 갑자기 부산과 해운대 불자들 이 부러워지기 시작했다. 무원 스님을 통해 사람들이 '힐링'되는 사찰 삼광사 에서 진정한 '힐링'의 맛을 조금은 느낄 수 있었다.

　　　　　　　　　　　　　　　　　　　　　　스님의 물건

"저에게는 이 보리수 잎이 생명과도 같습니다. 여기에는 큰스님의 가르침과 당부가 온전히 녹아
있습니다. 제가 게을러지거나 나태해질 때 이 보리수잎을 보면서 저의 마음을 다잡아 왔습니다."

광주 각화사 주지
혜담 스님

스승께서 주신
보리수,
깨달음의 꽃

가을이 되니 산이 바쁘다. 아니 산은 그대로인데 사람들이 바쁘다.
희노애락喜怒哀樂, 갖가지 사연 속에 정상으로 향하는 사람들의 모든 것을 산은
받아준다. 그래서일까? 봉우리마다, 골짜기마다 사람들의 사연은 차고 넘친
다. 그렇기 때문에 '산'일 것이다.
가을의 한 가운데에서 산과 같은 어른을 찾아 길을 나섰다. 때가 때여서인지
길이 수월하지 않다. 이른 아침 가을 안개까지 찾아와 여러모로 번잡하다.

혜담 스님

그래도 맑고 밝은 사람들의 표정을 보니 마음은 편해진다.

목적지는 경기도 광주에 있는 각화사覺華寺. 광덕 스님의 상좌 중 한 분인 혜담 스님이 주석하고 있는 곳이다. 차를 달려 주소지에 나온 한적한 마을에 이르 렀지만 각화사는 보이지 않았다. 차에서 내려 마을 어르신들에게 절 위치를 여 쭈어보니 "길을 따라 쭉 올라가면 된다."고 했다. 그렇게 갔지만 좀처럼 절이 나타나지 않았다. 보이는 것은 검단산의 울창한 숲과 나무들뿐. '이 길이 맞 나?'라는 의문과 함께 오솔길을 따라 좀 더 올라가니 대웅전과 요사채가 전부 인 작은 절 각화사가 보인다.

스님을 닮은 절, 각화사

대웅전을 참배한 뒤 스님이 주석하고 있는 요사채로 향했다. 방에 들어가려는 데 커다랗게 쓰인 주련 글씨가 먼저 눈에 들어온다. '圓覺山中生一樹 開花天 地未分前 非靑非白亦非黑 不在春風不在天(원각산중생일수 개화천지미분전 비청비백역비흑 부재 춘풍부재천)', 즉 '원각산에 한 그루의 나무가 자라나니 하늘과 땅이 생겨 나뉘기도 전에 활짝 꽃을 피웠네. 푸르지도 희지도 않고 또한 검지도 않으나 봄바람에 도 하늘에도 있지 않다네' 라는 말이다.

주련 글씨의 내용과 절 이름이 딱 맞아 떨어졌다. 각화覺華에는 '모든 삼라만상 이 그대로 깨달음의 꽃'이라는 뜻이 담겨 있다. "우주 전체가 부처의 모습을 하 고 있는 '각화'"라는 것이다. 스님은 그래서 절 이름을 각화사라고 했다. 세상 이 생기기 이전부터 우리 모두는 부처였다는 것이 스님의 말씀이다.

광주 각화사 모습

스님이 각화사에서 주석한 것은 벌써 오래 전부터다. 경기도 양평의 토굴에서
『대품반야경』번역을 하던 중 1994년 조계종 개혁불사에 동참했다. 원치 않게
긴 기간 동안의 소임을 마치고 다시 주석할 곳을 찾다가 마침 각화사와 인연
이 돼 십 수 년 전부터 이곳에서 수행하고 있다.

스님은 그동안 『대품 마하반야바라밀다심경』을 번역했으며 이후 『반야불교
신행론』, 『신 반야심경 강의』, 『한강의 물을 한 입에 다 마셔라』, 『방거사 어록
강설』, 『행복을 창조하는 기도』등 10여 권의 저서를 펴냈다.

문을 열고 들어간 스님의 방에는 경전과 어록, 각종 연구서들로 가득했다. 방
도 모자라 거실과 다른 방에도 오직 책뿐이다.

"특별한 계획을 가지고 책을 보고 글을 쓰는 것은 아닙니다. 다만 사람들에게
무엇인가 도움을 줄 수 있었으면 하는 마음에서 나름대로 정리를 하고 있습니
다. 마음이 날 때마다 한 권씩 쓰다 보니 출판한 책이 몇 권 됐습니다."

스님은 얼마 전 종단의 소임을 공식적으로 정리했다. 조계종의 사법부라 할 수
있는 호계원의 재심호계위원직을 던졌다. 최근 세상을 떠들썩하게 했던 '의현
스님 재심 판결' 때문이었다.

"저와 청화 스님은 개혁 당시 각각 해종특위위원과 초심호계원장을 맡고 있어
서 이번 판결의 제척사유에 해당됐습니다. 그래서 심리에 들어가지 못했는데
대중들의 뜻과는 다른 판단이 나왔어요. 저로서는 상당히 당황스러웠습니다.
'큰일 났다' 싶었습니다. 판결 이후 대중들의 반발은 어쩌면 당연한 것입니다.
판결에 참여하지는 않았지만 어찌됐든 구성원으로서 도의적 책임을 지고 사표
를 냈습니다."

스님은 담담했지만 단호했다. 법法대로 판결이 되지 못하는 것에 진한 아쉬움
을 표했다. 논란이 제대로 해결되길 바라며 '스님의 물건'을 알아보기 위한 인

터뷰는 계속했다. 스님의 말씀을 통해 확인한 물건은 출가와 출가 이후 수행 과정을 관통하는 것이었다.

스승 광덕 스님의 선물

스님의 불교 인연은 고등학생 시절로 거슬러 올라간다. 불교학생회에 가입한 뒤 부처님 가르침을 접한 스님은 학교를 마치면 바로 출가하겠다는 원願을 세웠다. 고등학교를 졸업하고 21살에 스님은 해인사로 갔다. 그곳에서 혜암 스님을 시봉하며 출가자의 삶을 시작했다. 혜암 스님은 "시간이 날 때마다 참선 하라."며 '무無'자 화두를 줬다. 그러던 중 다시 범어사로 가 광덕 스님을 만났다. '반듯하면서도 따뜻한 신사와 같았던' 광덕 스님의 모습에 스님은 감화되지 않을 수 없었다.

"사실 행자생활을 마치고 계戒를 받기 전까지도 은사스님을 정하지 못했습니다. 큰스님을 몇 번이나 찾아갔지만 쉽게 허락을 안 해주셨어요. 큰스님께서는 상좌를 받지 않겠다고 말씀하셨지만 그렇다고 또 냉정하게 내치지는 않으셨습니다. 그렇게 시간이 흐른 뒤 큰스님께서 '지상至常'이라는 법명法名을 주셨습니다."

스님은 1970년 음력 10월 15일에 계를 받았다. 이날은 동안거를 시작하는 날이기도 했다. 광덕 스님은 혜담 스님에게 "다들 열심히 정진하는 시기이니, 너는 앞으로 100일간 하루 1000배씩 10만 배를 하라."고 말했다. 상좌 지상에게 내리는 첫 숙제였다. 은사스님의 말씀에 따라 절을 시작했지만 강원에서도 공부를 해야 했기에 시간적으로 그리 여유가 많지 않았다. 그래서 스님은 하루에 500배를 하기로 다짐하고 하루도 거르지 않고 5만 배를 해냈다.

"절을 하고 나니 스님의 삶, 수행자의 삶이 무엇인지를 조금 알게 됐습니다. 뭔가 구체적이지는 않지만 어렴풋이나마 '감이 온다'는 그 느낌 말입니다. 그때 큰스님께서 괜히 절을 시킨 게 아니라는 생각이 많이 들었어요. 그때 5만 배를 한 것이 지금까지 저에게는 수행의 큰 밑거름이 되는 것 같아요."

이후 스님은 강원 공부에 더 매진했다. 하루하루 신심信心을 내며 공부를 이어갔다. 그러던 중 『서장』에서 '神通竝妙用 運水及搬柴(신통병묘용 운수급반시)', 신통이니 묘용이니 하는 것이 무엇을 말하는가. 물 긷고 나무 나르는 일 바로 그것이라네'라는 구절을 보고 큰 울림을 느껴 오대산 적멸보궁에 가서 기도를 올리기도 했다. 스님은 이후 광덕 스님의 권유로 동국대 승가학과 1기로 입학해 대학을 마치고 그 후에는 군법사로서 장병들을 만났다.

"군법사를 마칠 때쯤 10·27법난이 일어났습니다. 국가권력의 부당한 폭력적 탄압을 받았지만 스님들은 너무 무기력해 보였어요. 그래서 공부를 해 '힘 있는 불교'를 해보자는 생각을 했어요. 동국대 교수를 하며 후학들을 길러내고 싶었습니다. 저의 바람과는 다르게 큰스님께서는 '동국대 교수는 거사들도 할 수 있다. 하지만 거사는 중노릇을 못 한다'며 수행에 힘쓰라고 하셨습니다."

혜담 스님은 이후 토굴과 지리산 칠불암, 해인사 선원 등에서 기도와 정진을 이어 나갔다. 1982년에는 광덕 스님을 도와 불광사의 문을 열었다. 한국불교에서 공식적인 도심포교가 시작된 것이다. 이어 1986년에는 일본 교토의 불교대학으로 유학을 떠나 '반야바라밀般若波羅蜜'을 공부했다. 석사와 박사를 함께

스님의 물건

어른들을 모시고 함께 한 사진. 왼쪽부터 혜담, 일타, 혜암, 광덕 스님

하기 위해 유학을 떠나는 것이 보통이지만, 스님은 석사만 하기 위해 유학을
했다고 한다.

"출가 직후부터 큰스님께 '반야바라밀'에 대해 들었지만 좀처럼 무슨 말인지 이
해를 못했어요. 그래서 관련 책과 자료가 많았던 일본에 가서 좀 더 체계적으
로 공부를 해보고 싶었습니다. 공부를 해보니 학문적으로 반야바라밀에 대해
조금은 이해를 할 수 있었습니다."

스승 광덕 스님에게 받은 보리수 잎을 들어 보여 주는 혜담 스님

스님의 물건

그렇게 광덕 스님의 삶과 사상을 이해하기 시작할 때쯤 평생 간직하게 될 '물건'이 생겼다.

광덕 스님이 상좌들을 불렀다. 제자들에게 법호法號를 주기 위해서다.

"1988년에 큰스님께서 저의 맏사형부터 여덟 번째 사제까지를 불러 법호를 내려주셨습니다. 저에게는 '慧潭혜담'을 주셨습니다. 굳이 뜻을 해석하자면 '지혜의 연못'이라고 할까요? 그러면서 각자에게 보리수 잎을 주셨습니다. 큰스님께서는 제자들에게 "나는 법이 없으니 보리수를 깨달음의 징표로 삼아서 수행 정진하라"고 당부하셨습니다. '법이 없다'는 것은 반야바라밀의 사상 그 자체입니다. 깨달음조차 없다는 것이죠. 오직 내 안의 불성을 그대로 드러내 세상과 나누라고 강조하셨습니다."

광덕 스님은 또 다른 제자들에게도 보리수 잎을 건네며 끊임없는 정진과 사회적 회향을 강조했다고 한다.

"저에게는 이 보리수 잎이 생명과도 같습니다. 여기에는 큰스님의 가르침과 당부가 온전히 녹아 있습니다. 제가 게을러지거나 나태해질 때 이 보리수잎을 보면서 저의 마음을 다잡아 왔습니다."

스님은 현재 보리수 잎을 정성스럽게 표구해 놓았다. 스님은 유일한 상좌인 불광사 주지 본공 스님에게 건네줄 날을 손꼽아 기다리고 있다고 했다.

"반야바라밀이 부처요, 공空이요, 불성佛性"

스님은 학문적으로 이해했던 '반야바라밀'을 최근에 다시 새롭게 느꼈다고 한다. 계기가 되었던 것은 몸이 아파 병원에 입원하면서다.

"몇 년 전에 뇌출혈로 병원에 한 달 이상 입원했었어요. 병원에 있으니 뭔가 잘 못된 것 같다는 생각이 계속 들었습니다. 그래서 퇴원하자마자 '반야바라밀' 염송을 시작했습니다. 그리고 반야바라밀에 대한 큰스님의 법문과 저서들을 다시 찾아 듣고 읽었습니다. 그렇게 며칠이 지나자 하루 24시간 내내 반야바라밀에 집중하게 되었고, 어느 순간 반야바라밀이 보이기 시작했습니다."

반야바라밀이 보이면서 조사스님들의 어록이 쉽게 이해되기 시작했고, 화두의 의문도 풀리게 됐다고 한다.

그럼 혜담 스님이 생각하는 반야바라밀은 무엇일까?

"반야바라밀은 부처의 다른 이름입니다. 이것은 반야부 경전에도 나와 있습니다. 반야바라밀이 부처라고 말입니다. 부처는 완전한 지혜와 자비를 말합니다. 그런데 이 부처는 따로 있는 것이 아니에요.

반야바라밀이 곧 부처이고 공空이고 불성佛性입니다. 이름만 다를 뿐, 그래서 반야바라밀은 세상의 근본이 됩니다.

미혹한 상태에서는 모르지만 눈을 뜨고 보면 모든 주변의 생명은 완벽함과 환희심을 갖춘 반야바라밀 생명입니다. 반야바라밀은 막연하게 텅 빈 공空이 아니라 한량없는 위신력과 무한한 능력과 기쁨으로 꽉 차 있는 것입니다."

혜담 스님은 강조하고 또 강조했다. 세상이 생기기 이전에 우리 모두가 깨달음의 꽃이었듯, 반야바라밀은 세상의 근본이라고 했다. 그래서 광덕 스님의 생전 가르침은 혜담 스님에게 아직도 절절하게 남아있다.

"큰스님께서는 우리 모두가 철저하게 부처로 태어났다고 말씀하셨습니다. 나도 부처고 너도 부처라는 것이 큰스님 말씀의 핵심이었어요. 그렇기 때문에 모두가 부처로 살아야한다는 것이지요. 이런 큰스님의 말씀은 쉽게 들을 수 있

체육대회에서 어린이 불자의 손을 잡고 함께 뛰는 광덕 스님

광덕 스님을 모시고 제등행렬에 나선 모습

불광사 전경

　　　　　　　　　　　　　　　　　　　　스님의 물건

는 법문이 아니었어요. 지금도 그렇지만 당시 불교를 짓누르고 있는 '비관', '허무', '은둔', '염세'와 같은 것들을 다 걷어내야 한다고 큰스님은 말씀하셨습니다. 큰스님께서는 불교의 어둠을 걷어내고 맑고 밝은 희망의 불교가 가능하다고 항상 강조하셨죠."

그래서 스님은 이러한 광덕 스님의 가르침을 전하는 것이 중요하다고 강조했다.

"마하반야바라밀 염송은 불자들이 쉽게 할 수 있는 수행이라고 생각합니다. 염송을 하다 보면 어렴풋하게나마 공부의 맛을 볼 수 있어요. 하루에 30분만이라도 한다면 큰스님께서 가르치려고 하셨던 것의 의미를 알 수 있을 것입니다. 자신의 행복에만 집착하지 말고 모든 사람들이 행복해지는 길을 우리가 만들어야 할 것입니다."

인자하게만 보이던 스님의 얼굴이 다소 상기되기 시작했다. 좀 더 많은 사람들이 '반야바라밀'을 공부했으면 하는 바람을 스님은 숨기지 않았다.

스님은 최근 큰 수술을 두 번이나 했다고 했다. 그래도 온화한 미소는 여전했다. 혜담 스님은 오래 전부터 해 온 한 달 두 차례의 불광사 법문도 어김없이 진행하고 있다. 매월 첫째 수요일과 세 번째 일요일에 불광사에서 진행되는 호법발원법회와 일요법회에서 혜담 스님을 만날 수 있다. 호법발원법회는 광덕 스님의 가르침을 올곧게 전하기 위해 생긴 법회다. '내 생명 부처님 무량공덕 생명'을 주제로 진행되며, 다른 사찰에서는 접할 수 없는 것이다.

"1982년에 잠실에 들어 선 불광사는 소박했습니다. 시간이 흐르면서 언젠가는 중창을 해야 한다고 생각했습니다. 그렇게 시간이 흐르다 지홍 스님이 회주를 맡으면서 불사가 추진돼 번듯한 공간이 마련됐습니다. 지홍 스님의 원력이 있었기에 가능했습니다. 제 생애에 웅장한 불광사를 다시 보게 돼 마음을 모아주신 모든 분들께 감사할 뿐입니다."

앞서 밝혔듯이 스님은 '자의 반 타의 반(?)'으로 주변 상황들을 정리하고 있다. 불자들을 만나 법문하고 공부하는 일만 할 수 있는 환경이 만들어졌다. 스님은 조만간 새로운 책을 쓰는 일을 시작할 계획이라고 한다.

"각화사에 와서 한 20년을 살면서 도량도 새로 정비하고 또 많은 불자들도 만났습니다. 그 중 제일 열심히 한 것은 경전과 어록을 본 일입니다.

어느 날 제가 저를 바로 보니 한가한 무사도인이 돼 있습니다. 일 없는 사람이 되었어요. 하하. 그래서 이제는 특별히 무엇을 하기보다 지금까지 공부했던 반야바라밀을 정리하는 책을 쓰려고 합니다.

가안이긴 하지만 첫 번째 책의 제목은 '달마의 종교 혜능의 불교'로 정해 놓았습니다. 달마 스님이 인도에서 오셔서 새로운 불교를 정립했고 육조혜능 스님이 오늘날의 선불교禪佛教를 구체화 시킨 역사와 이야기를 풀어내 볼까 합니다. 두 번째 권은 이론보다 실제 생활에 관한 내용입니다. '반야바라밀'을 중심으로 부처님의 가르침을 각자의 삶에서 어떻게 구현해야 하는 지에 대해 정리하고 싶어요. 몇 년 안 남았지만 70이 되기 전에는 시작해보겠습니다. 하하."

스님의 말씀을 듣는 사이 자욱했던 아침의 안개는 사라지고 모습을 감췄던 절 앞의 풍경들도 모습을 드러냈다. 금세 눈이 시원해진다. 혜담 스님의 말씀을 듣고 나니 안개가 사라지듯 마음의 의문도 해소됐다. 가벼워진 발걸음으로 다시 서울로 돌아섰다.

스님의 물건

"저도 외국에서 와서 힘들 때가 많이 있습니다. 그럴 때마다 은사스님의 여권을 봅니다. 어떤 나라
들을 다니셨는지, 그 나라에서 무슨 활동을 하셨는지를 알 수 있습니다. 수많은 경계를 만났을 때
은사스님을 짓눌렀던 무게를 생각하면 마음이 무거워져요. 지금은 이곳에 안계시지만 최선을 다해
외국인들에게 우리 불교를 알리고 또 연등국제선원이 한국불교 세계화의 요람이 될 수 있도록 계속
노력하겠습니다."

강화 연등국제선원 주지
혜달 스님

해외 포교
원력이 깃든
스승의 여권

가을은 부처님과 같다. 육지에서나 섬에서나 변함없는 눈부심을 보여준다.
지위고하 빈부귀천을 따지지 않고 모든 중생들을 똑같이 대해주셨던 부처님
처럼 가을의 품 안에서는 누구나 차별 없이 맘껏 뛰어놀 수 있다.
가을빛에 흠뻑 젖어 차를 달렸다. 추수가 끝난 들녘은 잠이 들었고 산과 바다
는 사람들과 어울린다.
물살이 거세 배를 타는 것도 쉽지 않았다던 강화도는 이제 '섬 같지 않은 섬'이

혜달 스님   61

되었다. 순식간에 다리를 건너면 도착하는 곳이 되다보니 강화도는 이름에서만 흔적을 찾을 수 있는 섬이다. 유구한 역사를 자랑하는 강화도로서는 자존심이 상하는 일이 아닐 수 없겠지만, 현실은 현실이다.

큰 도로를 한참 달리다 그늘 사이로 난 조그만 오솔길에 오르니 곧 연등국제선원이다. 대웅전에서 사시예불을 올리는 스님들의 목소리가 들린다. 잠시 몸과 마음을 쉴 겸 예불에 동참했다. 예불에는 외국인들도 동참했다. 스페인, 러시아, 루마니아, 폴란드, 호주 등에서 온 사람들이었다. 참가 대중은 몇 명 되지 않았지만 예불은 여법히 했다.

스님의 물건

해외포교의 선구자, 원명圓明 스님

연등국제선원은 계룡산 무상사와 함께 외국인 스님들이 살며 수행하는 사찰로 유명하다. 무상사가 숭산 스님의 제자들이 정진하는 사찰이라면 연등국제선원은 원명 스님 후학들의 보금자리다. 잘 알려져 있듯이 원명 스님은 성철 스님의 제자다. 선방에만 다녔을 것 같은 성철 스님 제자들 중 해외포교에 진력했던 스님이 바로 원명 스님이다. 원명 스님의 행장을 다시 짚어 본다.

원명 스님은 1950년 경북 고령에서 태어나 고등학교 재학시절 불교학생회 회장을 맡고 있던 절친한 친구의 영향으로 불교와 인연을 맺었다. 스님은 학생회 모임뿐만 아니라 절에서 열리는 법회에도 열심히 참석했다. 밀양 표충사에서 열린 수련회에 참석하고 난 스님은 더욱 불심佛心이 타오르기 시작해 집에서 식사를 할 때도 발우공양을 할 정도였다.
스님은 대학입시를 앞두고 표충사를 다시 찾았는데 지나가던 스님이 "학생, 그 공부는 해서 뭐할 건가?"하고 묻는 소리에 문득 출가할 결심을 굳혔다.
스님은 표충사 스님의 안내로 당시 해인총림 방장으로 후학들을 제접하고 있던 성철 스님을 찾아가 행자생활을 시작하며 산문에 들었다. 성철 스님이 해인총림 방장으로 와 백련암에 주석하면서 받은 행자 1호가 바로 원명 스님이었다. 성철 스님으로부터 '원명圓明'이라는 법명을 받은 스님은 경전과 어록을 더 공부하라는 성철 스님의 가르침을 새겨듣지 않고 참선해서 하루빨리 견성성불見性成佛하려는 마음에 선방으로 달려가기도 했다. 그러나 선방에서 생활을 해 본 스님은 기초가 단단해야 함을 깨닫고 백련암으로 다시 가 경전공부를 한 뒤 해인사, 봉암사, 상원사 등 전국 선원에서 12안거를 성만했다.

김천 수도암 선원에서 정진하던 원명 스님은 화두가 잡히지 않고 자꾸만 영어 단어가 떠오르는 경험을 하게 되고 그 '사건'이 계기가 되어 서울에서 영어공부를 하다가 스리랑카스님과 인연을 맺어 1982년 유학길에 오른다. 스리랑카에서 정진하며 영어공부를 하던 스님은 영국 출신의 비구니 무진 스님을 만나 영국으로 건너가 공부했다. 그 인연으로 스님은 무진 스님에게 한국불교를 전했고, 한국불교에 매료된 무진 스님은 한국으로 건너와 한국불교를 세계에 알리는데 힘을 쏟기도 했다.

1985년 가을 귀국한 스님은 국제포교를 결심하고 성철 스님을 찾았다. 늘 참선수행을 강조했던 터라 행여 꾸지람이라도 들을까 걱정했던 것과는 달리 성철 스님은 "중요한 일이니 가서 열심히 하거라."며 격려했다.

원명 스님은 이후 해외포교에 매진해 싱가포르 연화원, 인도네시아 해인사 포교원, 모스크바 달마사, 우즈베키스탄 정각사, 우크라이나 불심사, 키르키즈스탄 보리사, 방글라데시 원명사 등을 창건하는 등 다양한 해외포교 활동을 펼쳤다.

건강을 돌보지 않으며 해외포교에 매진하던 원명 스님은 수십 권의 여권만을 남겨 놓고 2003년 9월 23일 해인사 청량사에서 열반에 들었다. 세수 53세, 법랍 33세.

원명 스님은 비교적 일찍 세연世緣을 다했으나, 많은 제자들을 남겼다. 환속한 제자들까지 포함해 다양한 국적의 제자 20여명을 뒀다.

스님의 물건

한국인보다 더 한국인 같은 외국인 스님

원명 스님의 뒤를 이어 연등국제선원을 이끌고 있는 사람은 인도 출신의 혜달 스님(인도 이름은 Antim Priya Dewan)이다. 2012년 9월부터 주지로서 대중들을 외호하고 있다.

사실 스님을 처음 만났을 때 혼란스러웠다. '청출어람靑出於藍'이라고 해야 할까? 아니면 '철저한 현지화(?)'라고 해야 할까?

스님을 뵙고 인도에서 온 스님이라고는 생각도 못했다. 외모도 한국인 같고, 말씀도 한국인보다 더 유창하게 잘했기 때문이다. 그리고 스님만의 '넉살'과 과도한(?) 붙임성도 인도인이라는 사실을 잊게 만들었다.

예전에 스님에게 질문을 한 적이 있다. "세수世數가 어떻게 되세요?" "소띠요." 이런 식이다. 한국인도 잘 모르는 '소띠'(1973년 生)를 자신의 나이라며 천연덕스럽게 말한다. 서울과 강화도를 오가며 몇 번 인사를 드리고 나서야 혜달 스님의 진면목을 알게 되었다.

예불을 마치고 공양을 한 뒤 스님은 멀리서 찾아온 외국인들과 차담을 나눴다. 스님은 먼저 연등국제선원의 역사와 현황에 대해 설명했다.

"은사스님께서 1987년 9월 서울 종로구 소격동에 연등국제불교회관을 창건하셨습니다. 거기서 외국인을 위한 불교 기초교리 강좌, 영어로 불교경전 공부하기, 참선강좌, 한국문화 배우기 등의 강좌를 마련해 국내 외국인 포교를 시작하셨지요. 그러다 1994년 현재의 부지를 매입하고 불사를 추진하셔서 1997년 9월 현 위치에 연등국제선원을 개원하셨습니다.

현재 연등국제선원은 총 4000여 평의 규모에 대웅전, 스님 선방인 서래선원, 재가 선방인 고경선원, 공양실과 템플스테이 숙소가 있는 연화당, 도서관이 있는

외국인들과 차담을 나누고 있는 혜달 스님

스님의 물건

연등국제선원 템플스테이 참가자들이 붓글씨 사경을 하고 있는 모습

연등국제선원 법회에서 법문하고 있는 혜달 스님

스님의 물건

반야당, 스님들의 요사채인 정진당이 들어서 있습니다. 얼마 전부터는 은사스님 부도탑 주변 정비 불사를 시작했습니다."

혜달 스님은 불사와 함께 한동안 침체에 빠져있던 포교에도 열심이다. 3박 4일간의 참선집중수행과 넷째 주 주말의 아비라기도, 첫째 주 일요일의 가족법회, 초하루법회를 매월 정기적으로 진행한다. 많은 숫자는 아니지만 참여하는 불자들이 조금씩 늘어나고 있다. 또한 국내 외국인들을 대상으로 하는 템플스테이도 꾸준하게 진행하고 있다.

"어떻게 소문이 나 있는지 외국인들은 '알아서' 옵니다. 유럽이나 동남아, 미국 등 오는 국가도 다양합니다. 공항이 가까이 있는 것도 장점이 되는 것 같고요."

스님은 "연등국제선원이 사람들에게 따뜻하고 편안한 절이 되기를 바란다."고 전했다. "누구라도 와서 부담 없이 지내다 가는 곳이었으면 한다."는 것이다. 더불어 전법傳法도량으로서의 역할에 충실하고 싶다는 뜻도 나타냈다.

"부처님의 법을 제대로 전하는 도량을 만들고 싶어요. 특히 선원의 기능을 되살려 많은 사부대중이 같이 수행할 수 있는 공간으로 만들어가고 싶습니다." 녹록지 않은 현실이지만 옛 명성을 되찾고자 하는 스님의 의지는 다부졌다. 연등국제선원에 대한 이야기를 들은 뒤 '스님의 물건'을 찾기 시작했다.

"너는 떠나면 안 된다"

사실 한국으로 오기 전 스님은 인도에서도 스님이었다. 18살에 출가했다.

"제 고향은 인도의 아루나찰브라데스입니다. 미얀마, 중국, 부탄, 인도의 접경

지역이에요. 인도 북동부 끝자락에 있습니다. 인도에서 해가 제일 먼저 뜨는 곳이기도 합니다.

이 지역에 사는 종족이 차크마(chakma)족인데 석가족의 후예입니다. 100만 정도의 차크마족 대부분이 불자입니다. 개인적으로는 제 할아버지도 스님이셨어요. 그래서 저도 그냥 자연스럽게 출가를 했습니다. 제가 스님 신분으로 콜카타에 있는 고등학교에서 학생들을 가르쳤는데 거기에서 조계종 어산어장 동주 스님을 비롯한 한국 스님들과 신도님들을 만났습니다. 외국 유학을 생각하고 있던 차에 한국 분들의 도움으로 이곳에 오게 됐습니다."

스님은 2000년 6월 한국에 왔다. 처음에는 서울 홍은사에 머물렀다. 동주 스님의 주석사찰이다. 홍은사에 있으면서 한국어는 물론 한국불교의식을 배웠다. 언어와 의식 모두 배우는 속도가 빨랐다. 그러다 나중에 사형이 된 일보 스님(방글라데시 출신)을 만났다. 일보 스님은 종로구 소격동 연등국제회관에서 원명 스님의 포교를 돕고 있었다. 결국 일보 스님의 추천으로 원명 스님을 친견하게 됐다.

"제가 한국에 온지 6개월 정도 됐을 때 은사스님께 인사를 드렸습니다. 제가 한국어로 말씀을 드리니까 스님께서 조금 놀라셨던 것 같습니다. 한국어가 능숙하다고 생각하셨나 봅니다. 처음 뵀을 때는 별 말씀이 없으셨는데 나중에 다시 홍은사에서 인사를 드리고 나서 상좌로 받아주셨습니다. 알고 보니 일보 스님이 '강력하게' 추천을 했다고 하더라고요. 하하."

스님은 다시 '한국스님'이 돼 2001년에 사미계를 받았다. 법명은 혜달慧達. 스님은 "법명이 엄청나다."고 했다. "지혜에 통달한다는 뜻이니 은사스님 당부대로 열심히 살아야죠."

스님의 물건

스님은 계를 받고 1년 정도 강화도 연등국제선원에서 정진했다. 그러다 부산 해운정사에 방부를 들였다. 유일한 외국인이자 사미승이었다. 그 다음 철에 제주 남국선원에 방부를 들이려 했지만 원명 스님이 붙잡았다. "너는 인도어와 영어, 한국어가 다 가능하니 나를 따라서 같이 해외포교를 하자." 원명 스님의 당부에 따라 인도네시아 해인사를 맡았다. 기도를 하면서 한 달 정도 있었는데, 갑자기 한국에서 비보悲報가 날아들었다. 원명 스님이 많이 아프다는 전갈이었다. 그래서 다시 한국으로 돌아왔다. 그때부터 5개월여 간 스님은 원명 스님 곁을 떠나지 않고 시봉했다.

"은사스님께서는 당신이 건강하다고만 생각하시고 몸을 돌보지 않으셨던 것 같습니다. 급히 귀국해 열반하실 때까지 옆에 있었습니다. 언젠가 스님께서 저에게 '너는 떠나면 안 된다'고 하셨어요. 그렇게 하겠다고 약속을 드렸습니다. 그러고는 얼마 후에 돌아가셨습니다."

경황이 없었지만 문중 어른스님들의 도움으로 스승의 영결식과 다비식을 치렀다. 짧았지만 너무나 강렬했던 인연이었다.

원명 스님은 상좌들에게 항상 '화합과 하심下心'을 당부했다. "국적도 다르고 살아온 문화도 달랐기 때문에 더 화합을 강조한 것 같다."고 혜달 스님은 말했다. 스님은 또 "은사스님은 제자들에게 항상 자비롭고 친절하게 대해 주셨다."고 밝혔다. 원명 스님은 상좌는 물론 대중들에게도 항상 근검절약할 것을 주문했다.

"저의 은사이신 성철 큰스님은 흐르는 시냇물도 아껴 쓰라고 하셨습니다. 그냥 둬도 흘러가버리는 시냇물이지만 그런 물도 아껴 쓰라는 것이지요. 또 저의 행자시절, 해인사에서 누비옷 한 벌로 평생을 사신 지월 노스님은 쌀을 씻다가 겨가 나오면 그 껍질을 까서 밥을 지으라고 하셨습니다. 우리가 버리는 쓰레기의 40%가 음식물 쓰레기라고 하는 요즘, 새삼 큰스님들의 말씀이 떠오릅니다. 고급 사치품을 사는 즐거움보다 조그만 것이라도 절약하고 아껴서 이웃과 함께 나누는 즐거움을 누리는 불자가 됩시다."

"한국불교 세계화의 견인차 될 것"

이야기를 들으면서 궁금해졌다. 원명 스님은 제자들에게 성철 스님을 어떤 스승이라고 얘기했을까?
"참선 정진을 최우선시 했지만 대중화합도 강조하셨다고 들었어요. 공부하는 사람들은 출·재가를 막론하고 많이 아껴 주셨다고 합니다. 저도 큰스님 생전에 인사를 드렸으면 사랑을 좀 받았을텐데 아쉽습니다. 하하."

혜달 스님이 성철 스님의 존재를 구체적으로 알게 된 것은 『백일법문』을 통해서였다. 연등국제선원에 있을 때 『백일법문』 상권을 영역英譯한 『Sermon of One Hunred Days-part one』을 접했다. 성철 스님의 법문집이라는 얘기에 저절로 책이 손에 잡혔다.
"큰스님께서 불교의 핵심을 중도로 엮어 초기불교부터 설명을 하셨는데 정말 놀라웠습니다. 어디에서도 큰스님의 말씀과 같은 내용을 보지 못했었거든요. 시간이 날 때마다 몇 번이고 『Sermon of One Hunred Days-part one』을 읽었습니다. 나중에 한글로 된 『백일법문』 전체를 보면서 많은 공부가 됐습니다. 또 『가야산의 메아리(Echoes from Mt. Kaya)』도 인상적이었습니다."

스님의 물건

스승 원명 스님의 여권
스승의 포교원력이 그대로 녹아있는 여권을 보며 혜달 스님은 마음을 다잡곤 한다.

이에 앞서 열반에 든 스승을 대신해 원택 스님을 은사로 2005년 구족계를 받은 스님은 이후 대구 동화사, 의정부 망월사, 보은 법주사, 의성 고운사, 순천 송광사 등 제방에서 정진하기도 했다.

"동화사에서 지금 조계종 종정이신 진제 스님께 '부모미생전 본래면목^{父母 未生前} ^{本來面目}-부모에게서 몸 받기 전 본래 나의 면목은 무엇인가?' 화두를 받았습니

다. 화두를 받고 본격적으로 참구를 시작했습니다. 망월사도 산 기운이 저와
잘 맞았던 기억이 납니다.

한국 사찰에서 생활을 하면서 저는 '대중생활'이라는 것이 참 인상적이었습니
다. 혼자가 아닌 선·후배 도반들과 같이 살면서 여법하게 정진하려고 하는
모습들이 정말 아름다웠습니다."

2011년에는 1년간 백련암에서 정진하며 100일간 매일 1000배와 능엄주 108
독을 했다. 100일기도가 끝나고 나서는 매일 1000배와 능엄주 21독을 계속
했다. "부산 고심정사에서 2년 정도 소임을 살고 또 백련암에서 정진하면서 제
나름대로 진정한 백련 문도가 되기 위해 노력했다."며 스님이 웃었다.

그러면서 혜달 스님은 원명 스님의 여권을 보여주었다. 수없이 국내·외를 오
가며 한국불교를 전하기 위해 고군분투했던 스승의 여권을 치울 수가 없었다.
그래서 스님 방 제일 잘 보이는 곳에 스승의 여권을 놓아두었다.

"저도 외국에서 와서 힘들 때가 많이 있습니다. 그럴 때마다 은사스님의 여권
을 봅니다. 어떤 나라들을 다니셨는지, 그 나라에서 무슨 활동을 하셨는지를
알 수 있습니다. 수많은 경계를 만났을 때 은사스님을 짓눌렀던 무게를 생각
하면 마음이 무거워져요. 지금은 이곳에 안계시지만 최선을 다해 외국인들에
게 우리 불교를 알리고 또 연등국제선원이 한국불교 세계화의 요람이 될 수 있
도록 계속 노력하겠습니다."

'섬 같지 않은 섬' 강화도에서 '외국인 같지 않은 외국인' 혜달 스님이 만들어가
는 수행공동체 연등국제선원의 앞날이 궁금해진다.

"'윤회금지'는 말 그대로입니다. 더 이상의 설명도 필요 없습니다. 열린선원이어도 좋고 다른 사찰이
어도 좋습니다. 부처님 공부를 열심히 하고 또 쉬지 않고 정진해서 우리 모두가 윤회에서 벗어나자
는 의미입니다. 저부터 더 열심히 정진하겠습니다. 하하. 그러고 보니 이것은 세계에 하나밖에 없는
성보네요."

서울 열린선원장
법현 스님

모든 불자들의
바람,
'윤회금지'

몇 년 전, 중국 광둥성 샤오관 시내에 있는 대감사를 찾은 적이 있다. 취재와 참배를 겸했던 자리였다. 대감사는 절 자체보다 육조혜능으로 더 유명한 곳이다. 이곳에서 혜능 스님이 『단경壇經』을 설했기 때문이다. 1300년 전에 이뤄진 대역사의 현장을 간다는 설렘에 가슴이 쿵쾅거렸던 기억이다.

큰 기대를 안고 떠났지만, 대감사로 가는 길은 대로大路가 아니었다. 대찰大刹이 아님을 직감했다. 빌딩 사이의 좁은 길을 한참 걸어서야 도착할 수 있었다.

시장을 지나고 주택가를 거쳐 절 앞에 서니 대감사는 한국에 있는 어느 도심 포교당 분위기와 다르지 않았다. 사격寺格도 크지 않고 너무 평범했다. 역사적인 성지여서인지 순례객들은 많았다.

절을 참배하고 나서야 생각이 났다. 혜능의 말씀이다.

佛法在世間　不離世間覺
불 법 재 세 간　불 리 세 간 각

離世覓菩提　恰如求兔角
이 세 멱 보 리　흡 여 구 토 각

불법은 세간에 있으니 세간을 떠나 깨달음을 구하지 말라.
세간을 떠나 보리를 구한다 함은 마치 토끼머리에서 뿔을 찾는 것과 같다.

선지식의 말씀을 저 멀리 구름 속의 얘기로만 생각했던 내 자신이 부끄러워졌다.

다시 길을 나섰다. 이번에는 한국의 사찰이다. 설마했다. 시장에 있다고는 들었지만, 솔직히 시장의 중심에서 부처님을 외치리라고는 상상하지 못했다. 그런데 진짜였다. 열린선원은 시장 속에 단단히 자리 잡고 있었다.

지하철역에서 생각보다 많이 걸었다. 멀리서도 알아볼 수 있는 열린선원의 현판이 보인다. 몇 개의 교회와 시장의 각종 가게 이름들 사이에서도 결코 뒤지지 않았다. 계단을 오르니 '좌左 교회 우右 태권도 학원'이다. 그 사이를 지나야 열린선원에 들어갈 수 있다. 열린선원은 50여평의 법당과 조그만 공양실, 그리고 공양실보다 더 작은 열린선원장 법현 스님의 집무실로 구성돼 있었다.

법당에서 부처님께 삼배를 올리니 법현 스님은 공양부터 하자며 손을 붙잡았다. 공양주 보살님이 정성껏 마련해 준 공양을 앞에 두고 스님과 '독대 공양'을 했다. 다른 스님 같았으면 제대로 밥을 먹기 쉽지 않았을 터이지만, 스님과 함께 하는 공양에서는 양껏 '흡입'을 했다.

공양을 하고 다시 차를 한 잔 마신다. 그리고는 바로 본론을 시작했다. 차가 식기 전에 적장의 목을 베고 온 관우가 된 것처럼 인터뷰는 거침없이 진행됐다.

성도재일법회에서의 좋은 기억

"전남 화순에서 태어나 평택에서 자랐습니다. 고등학교 2학년 말이었는데 학교로 가는 길목에 평택 명법사에서 붙인 법회 안내 포스터가 있었어요. 그것을 보고 호기심에 명법사로 갔습니다. 알고 보니 그때가 성도재일(음력 12월 8일) 전날이었습니다. 법당 문을 열었는데, 스님도 여자, 신도님들도 여자, 학생들도 전부 여자였어요. 하하. 청일점이 되어 그날 철야법회에 동참했습니다. 50분 참선하고 10분 휴식으로 철야를 했는데, 저는 그저 눈을 감았다가 뜨는 과정을 반복했던 것 같아요. 그래도 뭔가를 크게 얻은 느낌이었습니다."

스님은 그렇게 불교와의 인연을 시작했다. 명법사 학생회 활동을 시작하고 얼마 지나지 않아 중앙대 기계공학과에 진학했다. 거기서도 역시 불교학생회에 가입해 열혈 청년불자로 거듭났다. 한국대학생불교연합회 서울지부장과 명법사 청년회 회장, 어린이 청소년 법회 지도간사 등을 맡아 부처님법을 열심히 전했다.

대학을 졸업하고는 동국대 대학원 불교학과 석사과정에 입학했다. 동시에 태고종 총무원에 취직을 했다.

"대학을 마치니 학교 선배들은 대기업에 취업할 수 있도록 해주겠다고 했고, 대불련 선배들은 불교계에 남아 불교 일을 하자고 했어요. 저는 당연히 후자를 선택했습니다. 태고종의 종무원으로 일을 시작하면서 보니 태고종에는 '유발승' 제도가 있어요. 태고종은 인재들을 영입하기 위해 비교적 자유로운 제도를 선택했던 셈이죠. 그래서 전^前 태고종 총무원장 운산 큰스님을 은사로 모시고 출가했습니다."

스님은 그렇게 출가해 1985년 12월에 사미계를 받았다. 그리고 1991년 삭발 염의하고 '공식 출가자'가 됐다.

스님은 출가 뒤 태고종의 역사를 정리하고 수행 풍토를 일신하는데 주력했다. 또 태고종의 기획국장, 총무부장, 교무부장, 동방불교대학 교학처장, 동방대학원대학 기획처장, 사회부장 교류협력실장, 부원장 등의 소임을 두루 맡았다. 또 한국불교종단협의회 사무국장과 상임이사를 맡아 불교 내 다양한 활동을 펼치기도 했다. 동시에 사찰에서 현장포교에도 적극 나섰다. 서울 종로 원각사, 정릉 천중사, 관악산 자운암 등에서 불자들을 만났다.

출가 전부터 가졌던 이와 같은 스님의 포교 원력^{願力}은 지금의 열린선원으로 이어졌다.

저잣거리에 세운 열린선원

도심포교당을 구상 중이던 스님의 눈에 교계 신문 광고가 들어왔다.

역촌시장 상인들과 대화를 나누고 있는 법현 스님

열린불교아카데미 강의 모습

스님의 물건

'비구 셰프'로 유명한 적문 스님이 운영하던 전통사찰음식연구소 사무실을 인수할 사람을 찾는다는 것이었다. 적문 스님과 친분이 있던 스님은 바로 전화를 걸었다.

"법현 스님이 맡아준다면 바로 인계하겠습니다." 적문 스님은 흔쾌히 법현 스님의 청을 받아들였다. 그렇게 해서 2005년 6월에 시장 한복판에 문을 연 것이 바로 열린선원이다.

"옛 조사스님들도 깨달음을 얻은 뒤에는 산속에 있지 말고 대중들 곁으로 가라고 하셨습니다. 제가 불교를 처음 접한 순간부터 지금까지 이 말씀은 제 가슴에 항상 남아 있었습니다. 열린선원이라는 이름은 2001년도에 개설한 인터넷카페 '열린절'을 모태로 지었습니다. 열린선원은 말 그대로 누구에게나 열려있고, 또 누구나 공부해서 부처님 법을 체험할 수 있게 한다는 의미를 담았습니다.

보시듯이 선원이 시장 한복판에 있다 보니 불편한 점이 한 두 가지가 아닙니다. 시장 공용화장실은 저녁이 되거나 시장 전체가 쉬는 날에는 열지 않습니다. 주차장도 없습니다. 또 아무래도 다양한 사람들이 오가는 곳이다 보니 항의도 많이 받았습니다. 천도재를 지내고 있는데 갑자기 문을 열고 들어와 시끄럽다고 고함을 치는 사람도 있었고 기도시간 겹치지 않게 하라는 목사님도 계셨습니다. 시간이 흐르다 보니 이제는 모두 이웃사촌으로 잘 지내고 있습니다. 하하."

스님은 열린선원이 시장에 있어 나쁜 것만은 아니라고 했다. 장점도 많다고 한다. "매월 내야 하는 임대료가 그리 비싸지 않습니다. 또 누구나 편하게 올 수 있습니다. 각종 의식을 할 때 재료 준비가 쉽습니다. 주거용 건물이 아니다보니 실제로는 조용합니다. 그래서 저는 이곳을 '저잣거리 숲'이라고 합니다. 숲처럼 조용할 때가 있거든요. 아침에 예불을 하면 산속에서와 같은 느낌이 들 정도입니다. 그리고 제가 오래 전부터 비염이 있어서인지 시장의 냄새를 잘 모릅니다. 그래서 더 청량하게 살고 있는지 모르겠습니다. 하하."

스님은 열린선원을 운영하면서 무엇보다 불자들이 공부하고 실천하는 토대를 만들어 주기 위해 절치부심하고 있다. 그래서 4개월 과정의 참선문화아카데미를 운영하고 있다. 벌써 22기째 운영 중이다. 1박 2일의 템플스테이를 마지막 과정으로 아카데미를 수료한 사람들에게는 남녀 공히 두 글자 법명을 준다.

"열린선원 초기에는 예비불자들이 기초공부를 할 수 있도록 '열린불교아카데미'를 운영했습니다. 그러다 좀 더 체계화된 명상과 참선을 위해 지금의 참선문화아카데미로 확대 개편했습니다. 참선문화아카데미에서는 매주 수요일 저녁에 부처님 생애, 수행과 불교문화 등을 주제로 강의합니다. 지금까지 300명이 넘는 사람들이 이곳에서 불자로 새롭게 태어났습니다. 어떤 때에는 한 명의 수강생을 놓고 4개월 동안 아카데미를 진행한 적도 있어요. 어떤 거사님은 전북 전주에서 매주 아카데미 수업에 참여하셔서 법명을 받고 이곳의 신도가 되셨습니다.

또 매월 둘째와 셋째 주에는 일요법회를 하고 지장재일에는 '조상님 추모법회'를 합니다. 또 추석과 설에는 '불교식 차례 올리기 운동'을 이어갑니다."

스님은 차례를 올릴 때 술이 아닌 차를 올리자는 '불교식 차례^{茶禮} 올리기 운동'을 수십 년 전부터 펼쳐왔다. 1997년에 천중사에서 불교식 차례 시연회를 열어 불교계 안팎의 호응을 이끌어 내기도 했다.

"언젠가 한 언론에서 각 종교별 차례에 대해 소개한 적이 있었습니다. 그런데 거기에는 불교식 의례만 빠져 있었어요. 그래서 관련 자료를 찾기 시작했습니다. 차례는 '충담 스님의 미륵부처님께 차 올리기'가 시초입니다. 우리가 이것을 제대로 몰랐습니다. '불교식 차례 올리기 운동'은 앞으로도 계속 벌여 나갈 생각입니다."

법현 스님은 요즘 많은 대중들이 이용하고 있는 SNS에서도 '사이버 포교'에 적극 나서고 있다. 열린선원이 인터넷 카페에서 출발했던 것처럼 말이다.

스님은 카카오스토리에 매일 한 꼭지 이상의 글을 올린다. 또 각종 카페와 밴드, 페이스북에서도 부처님 말씀을 전하고 있다. 이렇게 매일 만나는 사람이 수만 명이다. 스님은 특히 종단을 가리지 않은 도반 70여명의 스님들과도 매일 소통하며 종단 내외의 현안에 대한 생각도 공유한다.

"새벽에 예불을 올리고 아침공양을 한 뒤 한 시간 정도 할애를 합니다. 그래서 저와 관련이 있는 각종 인터넷에 글을 올립니다. 글을 올리고 나서는 다시 시간을 내 대중들과 댓글을 주고받으며 소통합니다. 또 좋은 동영상 등도 공유하면서 우리 시대에 맞는 포교를 고민하고 있습니다."

이와 함께 스님은 각종 불교의식의 한글화를 추진하고 있다. 2010년에는 열린선원 자체적으로 '한글법요집'을 발간해 신도들의 반향을 불러 일으켰다.

"저는 불교의식과 수행에서도 우리말이 중심이 되어야 한다고 생각합니다. 예를 들어 사띠(sati)는 '마음챙김' 보다 '온마음'으로, 중도(中道)는 '깨달음에 명중하는 하는 길'로 해석해서 강의합니다. 좀 더 쉬운 말로 해야 불자들도 불교를 쉽게 공부할 수 있지 않겠어요?

저의 캐치프레이즈는 '쉽고 재미있고 유익하게'입니다. '쉬운 불교 여는 도량, 바른 불교 닦는 도량, 밝은 불교 펴는 도량, 모두 함께 웃는 도량'이 열린선원이길 기대합니다. 한글법요집을 몇 년 전에 만들었지만 앞으로는 경전과 법요의식, 찬불가를 함께 묶은 종합 불교성전을 만들어 널리 보급할 계획을 가지고 있습니다."

스님의 이런 활동은 열린선원에 머무르지 않는다. 불교생명윤리협회 집행위원장, KCRP(한국종교인평화회의) 종교간 대화위원장, 서울시 에너지살림홍보대사, 국가인권위원회 생명인권포럼위원, 생명존중헌장 제정위원, 한국사찰림연구소 이사, 갈현2동 복지두레위원 등을 맡아 '전방위적'으로 활동하고 있다. 이웃종교인들과 함께 하는 방송 토크쇼가 생겼을 때 불교를 대표해 처음 출연한 사람도 바로 법현 스님이었다.

"성불의 길로 모두 함께 가기를…"

법현 스님은 수행과 포교뿐만 아니라 종단 안팎의 현안에도 많은 관심을 갖고 있다. 여러 소임을 맡아 많을 때는 하루 7~8개에 이르는 모임에 참석하는 이유도 여기에 있다. 스님은 특히 불교계 내부의 문제들이 해결은 커녕 장기화되고 있는 것에 대해 깊은 우려를 표했다.

"수행자들이 기본에 충실하지 않아서 문제가 생기고 있습니다. 수행자는 근본적으로 수행과 전법 외의 것에 눈을 돌려서는 안 됩니다. 사회적인 활동을 할 때도 재가자들과 함께 해야 합니다.

그리고 수행자의 소유는 제한되어야 합니다. 청빈한 소유정도는 불가피하지만 그 이상을 갖는 것은 곤란합니다. 우리나라 평균 직장인의 삶을 살아도 충분한데, 중소기업 사장 이상의 삶을 살려고 해요. 스님들이 부와 명예 등 '기본' 이상을 가지려 해서 지금 문제가 생기고 있습니다.

어쩌면 가장 기본적인 것임에도 불구하고 우리의 상황이 너무 이상하게 되어 버려, 그 기본이 너무 혁신적인 것이 되는 역설적인 상황에 처해 있습니다. 철저하게 우리 스스로를 되돌아보는 시간이 필요합니다."

법현 스님은 종단을 막론하고 불거지는 범계犯戒 문제, 각종 사건·사고에 대한 걱정을 한참동안 했다. 불교를 걱정하는 것은 스님들이나 재가자나 별반 다르지 않았다. 다만 그 숫자가 너무 적어서 문제이긴 하지만 말이다.

몇 시간에 걸친 인터뷰가 진행되는 동안 차茶는 식지 않았다. 식기 전에 마시기를 반복했기 때문이다. 스님은 다시 차를 주셨다. 마지막 차가 식기 전에 핵심적인 질문을 했다.

"스님의 활동을 가장 상징적으로 보여줄 수 있는 '스님의 물건'은 무엇인가요?"
질문은 들은 스님이 갑자기 일어서서 열린선원 입구로 가 무언가를 들고 왔다. 커다란 원형의 '물체'다. 얼핏 보아서는 교통표지판처럼 생겼다. 그런데 자세히 보니 익숙한 문구가 새겨져 있다. '윤회금지-NO SAMSARA'

"열린선원 개원 3주년이 되었을 때 김영수 작가가 선물로 선원에 기증한 것입니다. 제가 동산반야회 청년회 지도법사를 할 때 계戒를 준 인연이 있거든요. 김 작가가 이 작품을 저에게 주는 것이 당연하다고 해서 기분 좋게 받았습니다.

'윤회금지'는 말 그대로입니다. 더 이상의 설명도 필요 없습니다. 열린선원이어도 좋고 다른 사찰이어도 좋습니다. 부처님 공부를 열심히 하고 또 쉬지 않고 정진해서 우리 모두가 윤회에서 벗어나자는 의미입니다. 저부터 더 열심히 정진하겠습니다. 하하. 그러고 보니 이것은 세계에 하나밖에 없는 성보네요."

스님의 말씀처럼 '윤회금지'에 대해서는 많은 설명이 필요하지 않았다. 어쩌면 법현 스님이 살아온 궤적 자체가 '윤회금지'의 범주에 들어 있었는지 모른다.

얼마 전 열린선원 개원 10주년 법회에서 삼천사 회주 성운 스님은 '농담 반 진담 반'의 축사를 했다.

"법현 스님이 역촌시장 안에 열린선원을 만들어 처음 개원할 때 그렇게 말했습니다. '야밤에 도망가지 말라'고 말입니다. 그리고 개원 3주년 때는 '도망가지 않아서 고맙다'고 했습니다. 이번에 다시 한 말씀 드립니다. '앞으로도 저잣거리를 벗어나지 마세요.'

열린선원 입구의 교회는 벌써 3번째 이름이 바뀌었습니다. 그만큼 포교가 쉽지 않은 곳입니다. 그런데도 이렇게 열악한 환경에서 수행하고 포교하는 법현 스님은 정말 우리시대의 부루나 존자입니다."

대중들은 뜨거운 박수로 공감을 표시했다.

법현 스님은 열린선원 불자들과 함께 새 도량 마련을 발원하고 있다. 성운 스님의 당부처럼 저잣거리를 벗어나지 않은 도량이 될지, 아니면 산 속의 도량이 될지는 모르지만 언제나 대중 속에서 빛이 났던 석가모니부처님과 육조혜능 스님처럼 법현 스님도 우리 곁의 수행자가 될 것임에는 틀림없어 보인다.

법현 스님이 윤회금지에 대해 설명하고 있다.

법현 스님

#더하기

인터뷰가 끝나고 시간이 흘렀다. 3월 대학 개강을 맞아 기분 좋은 소식을 들었다. 법현 스님이 성공회대에서 채플 강의를 한다는 소식이었다. "이게 무슨 일인가?"하는 생각이 먼저 들었다. 그러나 사연을 알고 보니 성공회대 총장의 적극적 제안과 스님의 흔쾌한 수락으로 유쾌한 강의가 이어지고 있었다.

스님과 통화했다. 첫 강의에서 학생들에게 고백했다는 내용이다. "교회 수련회, 천주교 피정도 참가해봤습니다. 예전엔 교회 청년들 대상으로 『반야심경』을 강의한 적도 있었죠. 그때 말했습니다. '여러분이 일반인이라면 불교 신자를 만들려 하겠지만, 교회 청년들인 만큼 삶에 도움이 되는 내용으로 강의하겠다'고 말이죠."

역시 법현 스님다웠다.

스님의 물건

"지화에는 생화와 비교할 수 없는 간절함이 담겨 있습니다. 세간을 등져 산문에 들어서고 깨달음을 얻고자 토굴로 들어서는 '결행' 만큼 단호하고 분명합니다. 불교의 전통 공예 '지화'를 다시 평가해야 하는 이유입니다."

평택 송덕사 주지
석용 스님

지화紙花,
칼·가위를
들게 된 이유

내가 그의 이름을 불러 주기 전에는 / 그는 다만 / 하나의 몸짓에 지나지 않았다

내가 그의 이름을 불러 주었을 때 / 그는 나에게로 와서 / 꽃이 되었다

내가 그의 이름을 불러 준 것처럼 / 나의 이 빛깔과 향기香氣에 알맞은

누가 나의 이름을 불러다오 / 그에게로 가서 나도 / 그의 꽃이 되고 싶다

우리들은 모두 / 무엇이 되고 싶다 / 너는 나에게 나는 너에게

잊혀지지 않는 하나의 눈짓이 되고 싶다

석용 스님   93

2015년 12월 초 서울 인사동의 한 전시장에서 석용 스님의 지화紙花를 보는 순간 김춘수 시인의 '꽃'이 입 안에서 저절로 읊조려지고 있었다. 문학文學에 문외한인 사람마저 시詩를 외우게 하는 지화는 살아 움직이며 사람들의 발걸음을 붙잡는 펄떡거리는 생명체였다.

천태종 총무원장 춘광 스님도 전시회 개막식에서 치사를 통해 지화의 의미에 대해 설명했다.

"활짝 핀 한 송이의 꽃, 그것은 생의 절정이고 깨달음의 완성이기도 합니다. 많은 경전에 꽃이 등장하고, 불교의 조형물과 회화에도 수많은 꽃이 각양각색으로 등장합니다. 꽃을 통해 진리를 보는 것입니다. 그래서 꽃을 공양하는 것은 진리를 공양하는 것이며 진리를 공양하는 것은 일체중생의 해탈을 구현하는 것입니다. 불교 의례에서 많이 사용되는 지화 역시 깨달음을 향한 염원이고 중생계의 복락을 염원하는 간절한 마음이며, 제불보살님이 펼쳐 보이시는 정토의 장엄입니다."

감동이 채 가시기 전에 석용 스님을 다시 만나고 싶었다. 평택 송덕사로 향했다.

송덕사는 1980년대 초부터 자체적으로 기도를 하는 평택과 송탄 불자들을 위해 천태종이 건립한 사찰이다. 1985년 5월 당시 총무원장 운덕 스님이 참석한 가운데 관음존상을 봉안하는 봉불식을 봉행했고 1992년 3월 관음전이 낙성됐다. 2009년 석용 스님이 주지로 부임하면서 각종 불사를 진행하고 있다.

석용 스님은 송덕사 주지와 용인 백인사 주지를 겸하고 있다. 여기에 더해 유네스코 세계문화유산이자 한국 중요무형문화재 제50호 영산재 장엄부문 전

송덕사 큰 법당인 관음전 모습

석용 스님

통지화 이수자이자 한국전통지화연구보존회 회장으로서 지화를 만들고 있으니 정말 몸이 열 개라도 부족하다.

송덕사는 큰 법당인 관음전과 요사채, 전통문화교육관이 전부인 조그만 사찰이다. '관세음보살'을 염하며 법당을 참배한 뒤 전통문화교육관 귀퉁이에 있는 스님의 작업실 문을 열었다.

작업실은 예술인들의 공간 그대로였다. 지화를 만들기 위한 도구들과 한지, 각종 지화 작품들은 물론이고 관련 서적들이 작업실을 가득 메우고 있었다. 한쪽에는 큼지막한 컴퓨터 모니터도 있었다. 작품 사진을 수시로 확인하기 위한 것이라고 한다.

스님은 원두를 갈아 커피를 내려주었다. 오랜만에 찾아온 한파를 커피로 녹이며 인터뷰를 시작했다. 스님의 지화 인연은 출가와 함께 만들어졌다.

등燈을 만들며 만난 '운명'

스님은 1982년 초·중학교를 졸업하자마자 단양 구인사로 갔다. 출가하기 위해서다. 스님은 어려서부터 수행자를 꿈꿨다. 속가 할머니가 천태종 중창주 상월 스님과 인연이 있어 당연히 구인사로 갔다. 깊은 골짜기에 들어앉은 구인사는 산에서 나무를 가져와 땔감으로 사용할 정도로 어려웠다. 절에 막 들어온 어린 행자는 눈 코 뜰 새 없이 바빴다. 어른들을 시봉하는 것부터 절의 온갖 사소한 일들을 도맡아 해야 했기 때문이다.

봄이 되니 구인사의 모든 대중들은 낮에는 논밭에서 일을 하고 밤에는 관음주송^{觀音呪誦} 정진을 이어갔다. 낯설었지만 그래도 견딜만했다. 시간이 지나 대중들은 부처님오신날을 준비하기 시작했다. 스님 역시 대중들 틈에 앉아 연등^{蓮燈}을 만들었다. 하다 보니 다른 사람들보다 손이 빠르다는 것을 알았다. 재미도 있었다. 등이 쉽게 만들어졌다. 당시 구인사에서 의식을 담당하고 있던 춘광 스님이 스님의 손재주 이야기를 듣고 지화 만드는 것을 배워보라고 했다. 그렇게 지화와의 인연이 시작됐다. 석용 스님은 '소임 맡듯이 하게 된 것이 지화'라고 했다.

사실 구인사에는 석용 스님 이전부터 지화 '계보'가 있었다. 춘광 스님은 1971년 인간문화재 범패 전승자인 권수근 스님으로부터 지화 제작 방법을 사사했다. 권수근 스님은 1970년대 초 구인사에 머물면서 영산재, 삼회향놀이 등 불교의식을 전수했는데 여기에 지화 제작법도 들어 있었다고 한다. 권수근 스님이 춘광 스님에게 전한 지화가 석용 스님에게까지 이어진 것이다.

석용 스님은 구인사 밖으로 시선을 돌려 좀 더 전문적으로 지화를 배우기 시작했다. 중요무형문화재 제50호 영산재의 장엄 분야 보유자인 정지광 스님의 노하우를 전수받았다. 또 중요무형문화재 제50호 영산재의 범패 분야 보유자인 장벽응 스님으로부터 범패와 지화를 같이 배웠다.

"1984년도에 벽응 스님이 구인사 영산재에 오셨습니다. 그때 인사를 드리고 영산재 전반과 장엄에 대한 말씀을 많이 들었습니다. 또 1987년부터는 지광 스님에게 지화를 사사했죠. 지광 스님으로부터 지화의 모든 것을 배웠다고 해도 과언이 아닙니다. 그리고 나서 다시 지광 스님의 스승이신 벽응 스님으로부터 지화의 고급 기술을 배울 수 있었습니다."

스님은 1990년도부터 구인사의 영산재, 수륙재, 생전예수재의 장엄을 책임지는 도감 소임을 맡았다. 각종 법회와 행사의 장엄은 고스란히 스님의 몫이 됐다. 천태종 종단 차원에서도 '전통지화연구보존회'를 창립해 스님의 작업을 뒷받침했다.

스님은 출가 초기부터 지화를 만들면서 법고무法鼓舞도 같이 배웠다. '종합예술인' 기질을 가지고 있던 스님에게는 그리 어려운 일은 아니었다. 구인사 불자들은 스님의 법명도 모른 채 '북치는 스님'으로만 알고 있었다고 한다. 훗날 형형색색의 지화를 만드는 사람이 '북치는 스님'이었다는 것을 알고 많은 사람들이 놀랐다고 한다.

법고무를 하고 있는 석용 스님

스님의 물건

지화, 지지 않는 '간절함의 꽃'

스님은 전시회를 마무리하고 또 다른 장엄을 준비하고 있다. 2017년 8월에 예정된 구인사 영산재가 바로 그것이다.

"설이 지나면 바로 준비를 해야 합니다. 봄에 염색이 잘되기 때문에 곧 한지부터 마련해야 해요. 영산재에는 크고 작은 지화가 3000여 송이 이상 필요합니다. 부처님께서 살펴 주시기 때문에 그리 어렵지는 않을 것이라고 생각하고 있습니다. 하하."

지화와의 인연에 이어 스님에게 지화의 정의를 여쭈었다. 스님의 표정이 진지해지기 시작했다. 스님은 지화에 대한 인식부터 재정립해야 한다고 강조했다.

"꽃 공양은 부처님 법을 따르는 것과 다르지 않습니다. 『법화경』에서 '꽃 한 송이 정성을 다해 부처님께 공양만 해도, 이와 같은 인연으로 많은 부처님을 뵙게 된다'고 하지 않았습니까. 부처님께 올린 꽃 공양은 그만큼 큰 공덕으로 쌓인다는 환희심에 손끝이 갈라지고 손마디가 굵어져도 '한지로 꽃을 만드는 지화 공예의 원력'을 멈출 수가 없었습니다.

그런 환희심에도 불구하고 세간에서는 지화를 단지 '옛 것'으로만 바라보고 있습니다. 어디서나 쉽게 구할 수 있는 생화生花가 있으니 전통 지화가 더 외면당하고 있는 것입니다.

지화에는 생화와 비교할 수 없는 간절함이 담겨 있습니다. 세간을 등져 산문에 들어서고 깨달음을 얻고자 토굴로 들어서는 '결행' 만큼 단호하고 분명합니다. 불교의 전통 공예 '지화'를 다시 평가해야 하는 이유입니다. 크고 작은 꽃 모양에 맞게 한지를 재단해 염색하고 말린 뒤 손으로 꽃잎 하나하나를 접는 인내를 이겨내야만 만들 수 있는 지화의 '간절함'을 어찌 생화에서 찾을 수가 있겠습니까?"

스님에 따르면, 지화는 궁중 연회나 일반인들의 혼례, 회갑, 상여^{喪輿} 등 실생활에서 다양하게 쓰였다. 꽃이 귀했던 당시 색깔 있는 종이로 만든 지화는 말 그대로 '행사의 꽃'이었다. 하지만 전통지화는 불가^{佛家}와 무가^{巫家}에서만 명맥을 유지해 왔다. 외국산 꽃과 개량된 종자의 화려한 생화들이 일상과 관혼상제를 장식하며 우리 토종꽃들은 점점 자취를 잃어가고 있는 실정이다. 전통지화는 공예기법에서도 옛 선조들의 명맥을 이어오고 있지만 우리 토종꽃을 그대로 재현하고 있다는 점에서 특히 의의가 있다고 스님은 강조했다.

"지화로 꾸며진 제단은 그 자체만으로도 불교의 이상세계인 불국토를 상징합니다. 따라서 지화는 재^齋를 올릴 때 중요한 불구^{佛具}라 할 수 있어요.

불교에서는 지옥에서 영가를 구제하여 극락정토로 보내기 위해 특별한 의례를 지냅니다. 지화와 감로탱화의 관계는 바로 그 의례로 확인할 수 있어요.

감로탱화는 지옥에 빠진 가족·친지를 위해 우란분재를 올림으로써 고통을 여의고 극락에 왕생케하는 전 과정을 그린 불화입니다. 제일 윗부분에는 아미타불이 지옥 중생을 맞이하러 오는 장면을, 중간 부분에는 지옥 중생들을 인도해 극락으로 가는 보살 그림과 재^齋를 올리는 모습, 아랫부분에는 아귀나 지옥의 세계에서 일어나는 갖가지 고통이 묘사돼 있습니다. 이 중 재를 올리는 단에 지화가 그려져 있어요.

16세기 이후 한국에서만 나타나는 독특한 탱화인 감로탱화에 묘사된 제단에는 화려한 꽃이 양 옆을 화려하게 장엄하고, 음식 공양물마다 한 송이 활짝 핀 꽃이 꽂혀 있는 것을 볼 수 있습니다. 감로탱화에는 모란, 연꽃, 국화, 동백 등이 그려졌는데 이 가운데 모란이 가장 많아요. 학계에서는 감로탱화에 그려진 꽃을 지화로 보고 있습니다. 계절이 다른 꽃을 함께 꽂아 놓았고, 생화에 없는

난등을 제작하는모습

석용 스님이 감로탱화에 나타난 지화를 설명하고 있다.

스님의 물건

꽃의 색깔이 많다는 이유에서 입니다."

스님은 지화의 역사적 기원과 전개 등에 대해서도 많은 시간을 할애해서 설명했다. 『작법귀감』에 서술된 지화에 관한 것들도 자세히 풀어줬다. '이론과 실천' 모두를 갖춘 스님다운 모습이었다. 스님은 실제 지화 만들기에 대한 설명도 덧붙였다.

지화에 사용되는 한지를 물들이는 염료는 쑥 등 천연재료를 가공해 만든다. 보통 1000개의 지화를 만들려면 최소 1년이 넘는 시간이 필요하다. 형형색색 크고 작은 꽃 모양에 맞게 한지를 재단하고 염색하고 말려야 하기 때문이다. 작업용 칼로 꽃잎 하나하나를 접는 과정도 일일이 손으로 해야 하는 인내와 고통의 작업이다.

스님은 지화를 만들기 전 해에 염료로 쓸 천연재료를 직접 채취해 둔다. 꽃과 줄기 색깔이 서로 다르면 천연재료의 종류도 달라진다. 계절마다 피는 식물도 다르기 때문에 이듬해에 쓸 재료를 미리 준비해야 하는 것이다. 잎이나 줄기 염색에는 녹색 계열의 식물을, 꽃은 다양한 색깔의 열매와 뿌리를 쓴다.

"노란색은 치자, 양파껍질, 강황을 염료로 사용해요. 빨간색은 소목과 홍화, 꽃분홍색은 장녹(자리공), 청색은 쪽, 보라색은 머루, 포도를 염료로 쓰고 있습니다. 이처럼 염료가 안 되는 식물은 없습니다."

보통 스님이 한 번의 행사를 위해 만드는 꽃은 17가지 정도다. 스님이 가장 좋아하는 것은 '화중지왕花中之王', '꽃 중의 꽃'이라는 모란이다. 부귀를 상징하는 것으로 알려진 모란은 불교에서는 작약과 함께 불심佛心을 나타낸다.

"제가 모란을 좋아하는 이유 중의 하나는 만들기가 쉽지 않다는 점입니다. 지화를 한다고 하는 많은 스님들 중 모란을 제대로 만드는 분이 거의 없습니다. 아름다움이나 꽃의 상징, 제작 과정 등 모든 것을 따져 봐도 모란 같은 꽃은

부채난등_불두화

석용스님의 물건 작업 도구들

스님의 물건

없을 것 같습니다."

그러면서 스님은 모란꽃을 직접 눈앞에서 만들어 줬다. 한지를 골라 염색을 하고 말린 뒤 꽃잎을 말아서 모양을 만들고 줄기에 꽃을 붙여나가는 과정이었다. 밑그림도 없이 오리고 접으니 꽃의 모양이 나오기 시작했다. 어쩌면 그리도 작업이 부드럽게 연결될 수 있는지 눈과 귀를 의심하지 않을 수 없었다.

칼, 가위, 망치, 정……

지화를 만드는 과정에서 스님의 손놀림만큼 바쁘게 움직였던 것은 도구들이었다. 칼과 가위, 망치, 정, 송곳, 자 등이 쉴 새 없이 자리를 바꾸어가며 지화를 만들어냈다.

스님은 지화를 완성한 후 제일 큰 칼을 들어 보여줬다. 권수근 스님이 쓰던 것이라고 한다. 춘광 스님을 거쳐 스님에게까지 전해졌다. 한지가 칼날에 닿자 그대로 베어질 정도로 날카로웠다.

"이것들이 저의 보물입니다. 30년이 넘는 시간동안 한시도 저와 떨어지지 않았습니다. 법고무를 하고 또 염불도 하면서 목탁도 많이 잡았지만 이놈들이 저의 손에는 더 익숙한 것 같습니다. 하하."

스님에게 지화는 수행이다. 도구들은 수행의 방편이 되는 셈이다.

"지화도 수행입니다. 한 번 전시회를 하고 나면 다시는 안하겠다는 생각이 들다가도 어느새 저도 모르게 지화를 만들고 있거든요."

스님은 2008년 10월 서울 관문사 성보박물관에서 연 첫 번째 개인전을 시작으로 지난 12월 전시까지 모두 7차례의 전시회를 열었다. 또 미국과 중국, 유럽에서도 여러 차례에 걸쳐 지화 워크숍을 진행한 바 있다. 앞으로도 국내뿐만 아니라 해외에서도 한국불교의 지화를 알려나가는 다양한 기회를 마련할 계획이다.

"우리나라 장인匠人들의 공통된 고민인데, 저 역시 지화를 하겠다는 제자들이 많지 않습니다. 손에 꼽을 정도입니다. 고된 일이기는 하지만 충분히 의미가 있는 일이거든요. 이 자체가 부처님께 밥값을 하는 것이고요.

앞으로 많은 출·재가 대중들이 지화에 관심을 가졌으면 합니다."

예정된 시간을 훌쩍 뛰어넘고 나서야 인터뷰가 마무리 됐다. 자리를 정리하고 경내에 있는 지화들을 다시 한 번 둘러봤다. 여전히 꽃들은 살아 있었다. 늦은 점심을 먹기 위해 마당으로 나가는데, 스님은 '택배 트럭'을 가리키며 타라고 한다. 차에 오르고 나서야 스님이 왜 택배 트럭을 타고 다니는지를 알았다.

"저는 전시회에 내놓은 작품들을 팔지 않습니다. 판매를 하게 되면 돈에 집착하게 되고 제 마음도 흐트러지기 때문입니다. 돈을 생각하면 저의 초심은 금방 사라져 버릴 것입니다. 엊그제 전시회 때도 작품을 달라는 사람들을 설득하느라 혼이 났습니다. 전시회가 끝나면 이 차에 그대로 작품을 실어서 구인사 박물관에 가져다 놓기도 하고 또 송덕사에 둘 때가 있습니다. 몇 년 전에 신도님이 이 차를 쓰다가 저한테 버리셨습니다. 저에게 딱 어울리는 차입니다. 하하."

스님이 지화를 대하는 자세를 확인할 수 있는 말씀이었다. 상대적으로 다른 불교예술보다 덜 알려진 지화. 오랫동안 지화를 통해 수행하고 포교해 온 석용 스님의 활약이 기다려진다.

스님의 물건

"노스님께서는 외부에 나가실 때 항상 원불을 모시고 다녔습니다. 스님으로서의 위의를 지키려고 하셨죠. 그래서 노스님의 원불은 저의 원불이기도 합니다. 조금이라도 마음이 흐트러질 때면 이 방에 와서 마음을 다잡습니다. 노스님의 가르침과 은사스님의 당부를 되새기면서 말입니다. 저는 이 원불을 보면서 노스님의 마음과 말씀과 행동을 생각합니다. 노스님 가르침대로 살기 위해 다짐하고 또 다짐합니다. 원불은 노스님의 다른 모습이라고 생각합니다."

조계종 대각회 이사장
혜총 스님

원불願佛,
자운 노스님의 마음과
말씀과 행동

몇 년 전까지만 해도 혜총 스님을 가까이서 모셨다. 비록 같은 사무실은 아니었지만 한 건물 내에서 스님을 자주 뵐 수 있었다. 스님을 뵐 때 마다 '열정이 넘치는 작은 거인'이라는 생각을 하곤 했다. 조계종 포교원장 소임을 마치고 나서도 스님은 계속 '전진'하고 있었다. 중요한 소임을 계속 맡으며 종단에서 단단히 '한 몫'을 하고 있다.

마침 혜총 스님이 서울에서 법문을 한다는 정보를 접하고 서울 목동의 법안정사로 갔다. 법안정사 대웅전은 300여 불자들로 꽉 들어차 있었다. 혜총 스님의 유쾌한 법문이 시작됐다.

"인생에서 가장 중요한 시간은 지금이고, 가장 소중한 사람은 지금 내 앞에 있는 사람이고, 가장 중요한 일은 지금 하고 있는 일입니다. 누가 뭐라 하든 말든 내가 지금 하고 있는 일, 내가 지금 만나는 사람, 바로 지금 이 순간을 정성스럽고 소중하게 생각하며 살다보면 반드시 좋은 날은 오게 돼 있습니다. 내일 지구에 종말이 오더라도 한 그루 나무를 심겠다는 철학자의 말을 허투루 들으면 안 됩니다. 그 말에 행복의 좌표가 숨어 있습니다."

오랜만에 만난 스님은 여전했다. 법문이 끝나고 신도 한 사람 한 사람의 손을 잡아주는 스님의 모습이 때로는 아버지처럼, 때로는 친구처럼 따뜻해 보였다. 스님의 명쾌한 법문을 법안정사에서 들은 후 이번에는 스님의 원래 주석처인 부산 감로사로 찾아갔다.

감로사는 원효 스님이 창건했다고 한다. 감로사가 본격적으로 그 존재를 드러낸 것은 1947년 자운 스님이 주석하면서 부터다. 자운 스님은 한국 현대불교를 대표하는 대율사다. 자운 스님이 오기 전에는 영원암靈源庵이었다고 한다. 자운 스님이 절에 와서 이름을 감로사로 바꿨다. 본당인 삼천불전을 비롯해 극락전, 팔엽전, 독성각, 칠성각 등이 머리를 맞대고 있고, 1250명을 수용하는 삼천배 회관이 눈에 들어온다.

법당 참배를 마치고 스님을 찾았다.

"어서 오세요. 이렇게 다시 찾아 주니 고맙습니다. 추운데 어서 들어가십시다."

마당까지 나온 스님이 객을 팔엽전八葉殿으로 안내해 준다. 팔엽전은 감로사 큰 법당 오른쪽에 있다. 스님은 방에 들어서자마자 "자운 노스님께서 원불願佛로 모셨던 저 아미타부처님께 절을 올리자."고 하셨다.

　　　　　　　　　　　　　　　　　　　스님의 물건

감로사 팔엽전과 극락전 모습

삼배를 올리자 스님은 손수 차를 내려 주었다.

"이 방이 자운 노스님께서 계시던 방입니다. 여기서 열반 하셨습니다. 책상, 시계, 텔레비전 등 모든 것이 노스님께서 사용하시던 것 그대로입니다. 어른께서 열반하신지 벌써 20년이 넘지만 그냥 그대로 두고 쓰고 있습니다."

감로사는 1951년부터 매월 초하루법회를 시작해 현재까지 이어오고 있다. 초하루법회의 효시라 한다. 또 해인사 백련암과 함께 삼천배 도량으로 잘 알려져 있다. 스님은 매년 부처님 출가열반재일(음력 2월 8일 ~ 15일)을 맞아 수천 명의 재가불자들과 함께 '삼천배 참회기도법회'를 열고 있다.

"감로사 참회기도법회는 한국전쟁이 한창이던 1951년부터 시작됐습니다. 자운 노스님을 비롯한 청담, 성철, 향곡, 석암, 운허, 영암, 법전 큰스님 등 당시 어른들이 감로사에 모여 참회법회를 봉행했죠. 이 참회법회에 삼천배를 합쳐 참회기도를 이어오게 된 것입니다."

"참스승 자운 큰스님"

혜총 스님은 자운 스님의 손상좌이지만, 출가 이후 줄곧 자운 스님을 시봉했다. 스님의 은사는 자운 스님의 상좌인 보경 스님이다. 이야기가 시작된 김에 자운 스님과의 인연부터 듣기로 했다. 스님의 얼굴이 어린아이처럼 변했다.

"하루는 경남 통영 우리 동네에 탁발 오신 스님이 저를 보시더니 출가를 하지 않으면 서른을 넘기기 어렵다고 하셨습니다. 어린 마음에 덜컥 겁이 났습니다. 부모님도 걱정이 이만저만 아니었습니다. 고심 끝에 출가를 결심했습니다. 1953년, 부모님께서 자주 다니셨던 양산 통도사로 갔습니다."

혜총 스님이 통도사에 가서 머뭇거리고 있을 때 만난 사람이 바로 자운 스님이다. 당시 자운 스님은 이미 율사^{律師}로서 제방에 명성이 자자했다.

자운 스님은 어린 혜총 스님에게 삼천배를 하라고 했다. 선뜻 이해할 수 없었지만 선지식의 말씀을 따라 적멸보궁에서 스님은 밤새 삼천배를 했다. 자운 스님은 혜총 스님에게 '광명진언^{光明眞言}'과 '발일체업장근본득생정토다라니^{拔一切} ^{業障根本得生淨土多羅尼}', '아미타불종자진언^{阿彌陀佛種子眞言}', '불정존승다라니^{佛頂尊勝陀羅尼}', '능엄주^{楞嚴呪}'를 외우면서 절을 하라고 했다. 스님의 불교와의 인연은 그렇게 시작됐다.
삼천배를 마치고 나니 자운 스님은 스님을 불러 보살계^{菩薩戒}와 사미계^{沙彌戒}를 설하고 법명 '혜총^{慧聰}'도 내려주었다. '부처님의 지혜로 모든 중생을 제도하라.'는 의미였다.

"처음에는 제가 노스님의 상좌가 된 줄 알았는데 알고 보니 노스님의 맏상좌인 보경 큰스님의 맏상좌가 됐습니다. 하하. '인간의 목숨으로 세상에 나오기 어렵고, 불법을 만나기 어렵다'는 말이 있습니다. 그보다 더 힘든 것이 '정법난득^{正法難得}', 정법을 만나는 것입니다. 그런 의미에서 저는 복을 받은 사람입니다. 자운 노스님을 비롯해 성철, 향곡, 구하 큰스님 등 최고의 선지식들을 모시고 공부할 수 있었으니까요."

혜총 스님은 '저는 11살에 절에 와서 자운 노스님을 40년 시봉한 것 이외에는 내세울 거라곤 없는 사람'이라며 겸손해 했다. 스님은 출가 후 해인사와 범어사 승가대학을 졸업하고 선원에서 9안거 동안 정진한 뒤 동국대를 졸업하고 포교에 진력해 오고 있다.

스님은 자운 스님 외에 특히 기억에 남는 어른으로 향곡, 성철, 구하, 월하, 벽안, 운허, 영암, 인홍 스님 등을 꼽기도 했다.

"잘 아시듯이 자운 노스님과 향곡, 성철 큰스님이 절친한 도반이었습니다. 그래서 저도 자운 노스님을 모시고 성철 큰스님을 뵐 기회가 많았습니다. 뵐 때마다 성철 큰스님은 항상 책을 보고 계셨던 모습을 기억합니다. 역대 선사들 중 장경각을 만들어놓고 책을 보신 분은 아마 성철 큰스님이 유일무이 하실 것입니다. 하하. 성철 큰스님과는 씨름도 많이 했습니다. '니 내하고 씨름 한판 하자. 이리 온나(오너라). 이놈 봐라. 이놈아가 내보다 힘이 더 세데이' 하시면서 귀여워 해주셨어요. 그때 성철 큰스님의 표정을 보면 정말 어린애 같았어요."

스님은 다시 자운 스님 원불에 대해 설명했다. 원불이 바로 혜총 스님의 '물건'이었다.

"노스님께서는 외부에 나가실 때 항상 원불을 모시고 다녔습니다. 스님으로서의 위의를 지키려고 하셨죠. 그래서 노스님의 원불은 저의 원불이기도 합니다. 조금이라도 마음이 흐트러질 때면 이 방에 와서 마음을 다잡습니다. 노스님의 가르침과 은사스님의 당부를 되새기면서 말입니다. 저는 이 원불을 보면서 노스님의 마음과 말씀과 행동을 생각합니다. 노스님 가르침대로 살기 위해 다짐하고 또 다짐합니다. 원불은 노스님의 다른 모습이라고 생각합니다."

혜총 스님은 은사 보경 스님에 대해서는 '1947년 봉암사 결사에서 살림을 책임졌던 분'이라며 '살림에도 능통하셨고 참선과 염불 수행에도 열심이셨던 어

법안정사에서 법문 중인 혜총 스님

혜총 스님

른이었다.' 회고했다.

계속되는 '공직 생활'

스님은 '광명진언' 전도사로도 유명하다. 출가할 때 들었던 자운 스님의 광명
진언 독송 당부가 생활이 되었다. 스님은 법문을 하기에 앞서 항상 대중들에
게 요청을 한다. "자~ 모두 합장을 하고 같이 외웁니다."

옴 아모가 바이로차나 마하무드라 마니파드마 즈바라 프라바를타야
Oṃ amogha vairucana mahāmudrā maṇipadme jvala pravardaya hūṃ

이 대법계에는 어디에나 어느 때에나 영원, 완성, 조화, 통일, 진실, 행복, 자유 그 자
체인 법신불의 결정적인 광명이 가득하며, 나 또한 마니요 연꽃이요 광명의 존재이
다. 이제 부처님의 대자비광명 속에서 참된 나의 체, 상, 용을 개발하여 생사윤회 세
계를 벗어나 참다운 깨달음을 성취하노라

스님은 매일 광명진언을 독송하며 하루를 시작하고 또 하루를 마무리한다.
스님의 광명진언을 처음 접한 것은 스님이 2006년 지관 총무원장 스님에 의해
포교원장으로 발탁되면서부터다. 스님은 5년간 쉼 없이 뛰고 또 뛰었다.
2011년 11월 혜총 스님은 포교원장에서 공식 퇴임했다. 퇴임식 풍경이 아직도
생생하다. 이날 역시 스님은 광명진언으로 퇴임사를 시작했다.
"수행이 곧 포교요, 포교가 곧 수행입니다. 어려운 여건에도 종단 포교의 희망

을 틔우기 위해 고락을 함께 해준 모든 분들에게 고맙고, 이제 납자 본분으로 돌아가 지금까지 살아오면서 인연을 지은 모든 분들과 다시금 도반으로 만나 포교의 현장에서 법륜을 굴리며 남은 생을 살아가겠습니다."

자리를 같이 했던 사부대중의 뜨거운 박수가 터져 나왔다. 스님은 언제나 그렇듯 '쿨하게' 한국불교역사문화기념관을 나섰다.

혜총 스님은 포교원장으로서 체육인 불자회를 만든 것을 비롯 어린이청소년 포교와 신도등록, 각 부문 전법단 창단 등을 주도했다. 구체적으로 스님은 포교원 산하에 어린이청소년위원회를 구성하고 어린이청소년 전법중심도량을 지정해 사찰 법회 활성화를 이끌었다.

스님은 포교원장 퇴임 이후 최근에는 중요한 소임을 두 개나 더 맡았다. 하나는 대각회 이사장이다.

대각회大覺會는 용성 스님이 선양한 대각사상을 유지 발전시키기 위한 목적으로 1968년 9월 재단법인으로 출범했다. 1919년 민족대표 33인으로 3·1운동을 전개한 용성 스님은 불교의 현대화, 한글화 등에도 관심을 기울였으며 동산, 자운 스님을 비롯한 수많은 제자들을 길러낸 근현대불교의 대표적 선지식이다.

"자운 노스님과 동헌, 고암, 보경, 광덕 큰스님께서 대각회 설립을 주도하셨습니다. 이와 함께 도문 큰스님을 위시한 종단의 여러 어른들께서 힘을 써주셔서 현재의 대각회가 활동을 하고 있습니다."

스님은 2015년 9월 서울 목동 법안정사에서 대각회 이사장으로 공식 취임했다. 이날 스님은 "근현대 한국불교 대중화를 이끈 용성 조사스님의 큰 뜻을 받들어 대각사상을 널리 펼칠 것"이라고 강조했다.

스님은 앞으로 용성 스님이 창건한 대각사를 중심으로 성역화 불사를 추진하고 조계종 법인법에 의거해 대각회를 운영하며 대각회가 향후 특별교구로 지정될 수 있도록 할 것이라고 밝혔다. 스님은 또 용성진종 대종사 총서 전산화 사업도 차질 없이 진행하겠다고 전했다.

"한국불교 미래가 화두 중 화두"

대각회 이사장과 함께 스님이 맡고 있는 또 다른 중요한 소임은 바로 조계종 총본산 성역화불사 추진위원회 상임부위원장 겸 모연위원장이다. 조계종은 현재 조계사 일대를 총본산으로 조성하기 위한 성역화 사업을 진행하고 있다. 이 사업의 핵심적 소임을 스님이 맡은 것이다.

"처음 상임부위원장을 제안을 받았을 때는 수락을 주저했습니다. 하지만 조계종도로서 많은 혜택을 받고 살아온 만큼 종단을 위해 미력이나마 보탬이 되고자 수락하게 됐습니다. 종단을 위해 마지막 회향을 한다는 마음으로 이번 소임을 최선을 다해 수행할 것입니다.

총본사 성역화는 크게 3가지 공간으로 구성됩니다. 첫 번째는 10·27법난기념관 1동으로 10·27법난에 대한 역사적 의미와 교훈을 알리기 위한 공간입니다. 1980년 10월 27일 계엄군 및 경찰이 조계사를 포함한 전국의 법당에 난입해 수많은 스님들을 연행하고 고문한 국가의 불교탄압사건이 있었습니다. 이러한 10·27법난의 아픔과 그 정신을 많은 불자와 시민들에게 알리고 함께 나누고자 기념관 1동을 호국불교관, 전시장, 연구관, 교육관, 공연장 등으로 구성할 예정입니다.

혜총 스님의 아미타불

총본산 성역화 불사 조감도

두 번째는 10·27법난기념관 2동으로 10·27법난 피해자의 직접적인 치유를 목적으로 하는 공간입니다. 기념관 2동은 10·27법난 당시 고초를 겪으시고 아직까지도 그때의 기억으로 고통 받고 있는 스님들의 치유를 목적으로 한 공간으로 구성할 예정입니다.

세 번째는 전통역사문화공간으로서 관광객과 시민들을 위한 공간입니다. 전통역사문화공간은 참선, 다도 등 다양한 전통불교문화를 체험할 수 있는 공간으로 구성될 예정입니다. 또한 관광버스 주차시설, 종합관광안내센터 등을 신설하여 시민들과 외국 관광객들에게 더 가깝고 편리하도록 하며, 정화기념관을 건립하여 불교 개혁과 정화불사의 의지를 되새기는 역사문화관광자원으로 거듭날 계획입니다.”

혜총 스님은 “종정예하와 원로의원 큰스님을 비롯해 일반 스님들과 모든 불자들이 십시일반 정성을 모으면 성역화 사업은 충분히 가능할 것”이라며 “불자들뿐만 아니라 국민들이 동참해 정성을 모을 수 있도록 노력할 것이다. 불교계는 물론 국가와 국민들을 위한 이번 사업이 잘 추진될 수 있도록 많은 관심과 정성을 모아주길 바란다.”고 당부했다.

스님의 열정은 인터뷰 내내 확인할 수 있었다. 어느 것 하나 쉽게 얘기하지 않았다. 인터뷰를 마무리 할 때쯤 스님은 한국불교가 시급히 해결해야 할 과제들을 제시했다.

“지금 우리 사회는 극심한 저출산 문제에 직면해 있습니다. 이로 인해 출가자 수도 급격히 줄고 있어요. 그래서 생각한 것이 출산장려운동입니다. 셋 정도는 낳아서 그 중 하나는 출가시켜 중생의 스승이 될 수 있도록 해야 합니다. 이를 위해 종단에서는 출산부터 교육에까지 좀 더 적극적으로 정책을 수립하고 일정 정도 이상의 역할을 해야 할 것입니다.

두 번째는 불교의 사회적 회향 차원에서 1사찰-1복지관-1교육시설을 갖춰야 합니다. 복지시설이나 교육시설은 크지 않아도 됩니다. 절 형편에 맞게 건립해 대중들을 위해 꼭 사회적 회향을 할 수 있어야 합니다.

마지막으로 포교공간이 필요합니다. 다목적으로 사용할 수 있는 불교회관을 각지에 세워야 합니다. 세상에 나오는 순간부터 생을 마감할 때까지 계속 이용할 수 있는 회관이 필요합니다. 위 세 가지는 지금 우리시대에 꼭 필요한 것들입니다."

스님의 표정은 진지했다. 말씀을 듣는 순간, 스님의 바람대로 역사와 사회에 부응하는 불교가 되기를 함께 기원했다. 스님의 열정이면 그 어떤 것이라도 금방 이뤄질 것 같은 생각을 하며 감로사 일주문을 다시 나섰다.

스님의 물건

"2600년 전 부처님께서 당시의 국왕들에게 설법을 통해 올바른 정치와 인생의 행로를 설파하신 것
처럼 한국불교는 이제 현대 한국사회, 더 나아가 인류에게 경쟁과 물질에 찌들어 고통 속에 허덕이
는 중생들에게 새로운 희망의 등불이 되어야 합니다."

부산 문수사 주지
지원 스님

노스님께
'밥값' 한
박사학위 논문

연말연시에 좋은 소식을 들으면 신년新年이 더 의미 있게 시작되는 것 같아 괜히 기분이 좋아진다.

교계 언론에 일제히 보도된 위드아시아(이사장 지원 스님) 관련 기사도 그랬다. 위드아시아는 지난 연말 "올 한 해 캄보디아 수도 프놈펜에서 차량으로 2~3시간 떨어진 쁘레이벵주 쁘레이끄랑 마을, 지삐여이 마을, 베잉 마을 등 총 5곳에 공동 우물 13개와 화장실 6개를 건립했다."고 밝혔다.

공동 우물과 화장실이 건립된 마을은 모두 오지 중의 오지로, 깨끗한 물을 제공받기 어려울 뿐만 아니라 화장실조차 제대로 갖추지 못한 곳이었다. 그러나 위드아시아는 연예인 팬클럽 등에서 지원을 받아 지원자의 이름을 딴 공동 우물과 화장실을 총 19개 건립, 약 700명의 주민들과 아이들에게 깨끗한 식수와 위생적인 생활환경을 제공했다. 6년째 펼쳐오고 있는 이 캠페인에는 가수 백청강, 인피니트 호야, 블락비 박경, BTOB, EXO 레이, 틴탑 엘조, 배우 정우 등의 팬클럽 등이 동참했다.

위드아시아를 이끌고 있는 지원 스님은 불교인권위원장 진관 스님과 더불어 활발한 사회활동을 하고 있는 불교계 대표적인 인사다. 오래 전부터 스님의 활동을 익히 알고 있어서 보도가 더 반가웠다.

이 소식에 앞서 지원 스님이 2015년 가을 박사학위를 받았고 최근 논문 봉정 법회를 봉행했다는 소식도 들었던 차였다. 그래서 오랜만에 지원 스님을 만나고 싶었다. 수화기 너머 스님은 인터뷰를 흔쾌히 수락했다. 바로 부산으로 향했다.

스님의 주석처인 문수사가 위치한 부산 남구 용당동 일대에는 UN기념공원과 평화공원, 부산박물관, 부산문화회관 등 평화를 염원하는 시설들이 가득했다. 문수사 바로 옆에는 일제강제동원역사기념관이 들어서 있었다. 문수사와 지원 스님과 어색하지 않은 조합이었다. 발걸음이 더 가벼워졌다.

스님의 물건

문수사 전경

문수사 대웅전

스님의 물건

인연으로 밖에 설명할 수 없는 문수사

문수사는 부산을 대표하는 사찰 중 하나다. 신도만 5000가구가 넘는다. 일주문에 들어서니 대웅전과 지장전, 삼성각, 교육관 등 10여개의 전각이 오순도순 앉아 있다. 발걸음을 돌리다보니 대웅전이 낯설지 않다. 나중에 지원 스님은 '신계사 대웅전과 크기만 조금 다른 쌍둥이 건물'이라고 소개했다.

스님은 오랜만에 만난 객에게 먼저 반가운 악수를 건네준다. 소박하고 털털한 모습은 예나 지금이나 변함이 없다.

스님이 문수사 주지 소임을 맡은 지는 꽤 오래됐다. 어떻게 문수사에 오게 됐는지가 궁금했다. 답은 출가 이후 수행과정에서 찾을 수 있었다.

스님은 열두 살에 포항 보경사로 갔다. 집안 어른 중 출가해 스님이 되신 여러분이 계셨는데 어린 조카들에게 자주 "원효나 사명 대사 같은 어른이 되어야 한다."고 말했다. 스님들의 세계를 동경하게 된 스님은 그냥 절로 가게 된 것이었다.

너무 어린 나이여서 보경사 주지스님은 출가를 허락하지 않았다. 그래도 스님은 수행자의 삶을 발원했다. 어린 지원 스님의 단단한 마음을 확인한 주지스님은 절에서 생활하는 것을 허락했다.

주지스님을 시봉하는 것이 스님의 주요임무였다. 해가 지면 피곤에 지쳐 곯아떨어지기 바빴지만, 신심이 있었기에 즐거웠다.

"출가 후에 알게 된 것인데, 제가 절에 온 날이 부처님의 출가일과 같았어요. 시작부터 뭔가 인연이 아닐 수 없습니다. 하하."

그러다 은사인 법홍 스님을 불국사에서 만났다. 법홍 스님은 불국사 총무로서 절 복원을 진두지휘 하고 있었다. 그런데 만남도 잠시, 선원에 들어간 법홍 스님은 어린 상좌를 통도사로 보냈다. 도반 홍법 스님에게 상좌를 부탁했다. 스님은 통도사 강원에 다니며 또 어른들을 시봉했다. 벽안, 월하, 청하, 홍법 스님 등 기라성 같은 선지식들을 모셨다.

강원 공부를 하고 있던 스님에게 마음의 변화가 생겼다. 사회에서 정식으로 학교를 다니고 싶었던 것이다. 어린 나이에 출가해 같이 생활했던 스님들이 학교를 다니기 시작하면서 스님도 학교에 가고 싶다는 생각이 커졌다고 한다. 그래서 은사스님에게 편지를 보냈지만, 허락을 받지 못했다.

"은사스님께서는 일찍 출가해서 부처님 법을 만난 것만큼 큰 복이 없다고 하셨습니다. 강원을 마치라고 하셨지요. 조금은 섭섭했습니다. 하하."

결국 스님은 강원을 마치지 않고 통도사를 나왔다. 부산에서 주변의 도움으로 문수사 주지로 수행과 포교에 매진하던 덕암 스님을 만났다. 공부를 하고 싶어 하는 어린 출가자에게 덕암 스님은 이것저것 가르쳤다. 어렸지만 공부 열의가 대단했던 스님을 덕암 스님은 기특해했다. 지원 스님은 문수사에서 일을 도우며 고등학교까지 마치고 동국대 선학과를 졸업했다. 나중에는 법홍 스님도 틈틈이 문수사를 찾아와 제자를 격려했다. 지원 스님이 다리가 되어 덕암 스님과 법홍 스님은 평생 절친한 도반이 되었다고 한다. 그렇게 시간이 흘러 덕암 스님은 지원 스님에게 문수사를 맡긴 것이었다.

"덕암 큰스님께서는 세속 학문에도 뛰어나셨지만 불교 안의 수행과 포교에도 열심이셨습니다. 통도사 어른들과 은사 법홍 큰스님, 덕암 큰스님을 곁에서 보면서 수행자로서 어떻게 살아야 할지를 많이 고민했습니다. 어른들의 가르침 덕분에 오늘날의 제가 있지 않나 생각합니다."

스님의 물건

지원 스님은 은사에 대한 말씀도 빠뜨리지 않았다. 법흥 스님은 조계종 원로 의원으로서 현재 송광사에 머물며 후학들을 제접하고 있다. 생존해 있는 유일한 효봉 스님의 상좌이기도 하다.

최초의 효봉 스님 연구 박사논문

앞서 밝혔듯이 스님은 지난해 '할아버지 스님'인 효봉 스님에 대한 논문으로 박사학위를 받았다. 논문 주제는 '효봉원명의 선사상 연구'.

효봉 스님은 1888년 5월 평안남도 양덕군에서 태어났다. 평양고등보통학교를 졸업한 뒤 일본의 와세다 대학에서 법학을 전공한 스님은 졸업 직후부터 10

박사학위논문

년간 서울과 함흥, 평양의 고등법원에서 법관으로 종사했다. 1923년 서른여섯 살 때 처음으로 내린 사형선고 앞에서 고뇌를 거듭하던 스님은 1925년 금강산 신계사 보운암에서 석두 스님을 은사로 출가한다. 스님은 늦은 나이에 출가했지만 그 누구보다 열심히 수행했다. 그래서 얻은 별명이 '절구통 수좌'. 이후 송광사 조실과 가야총림 방장, 조계종 종정 등을 역임했다.

"조계종 총무원 사회부장을 하면서 금강산 신계사 복원을 이끌었습니다. 잘 아시듯이 신계사는 효봉 노스님이 출가하고 정진한 도량입니다. 금강산 곳곳에 노스님의 흔적이 있습니다. 신계사는 물론이고 법기암, 미륵암, 마하연 등 노스님께서 정진한 도량이 많고 노스님의 은사이신 석두 큰스님의 글씨도 금강산 바위 절벽에 남아 있습니다.

이런 역사가 있는 신계사를 남북이 함께 복원하면서 노스님에 대한 연구를 구체적으로 해야겠다고 생각했습니다. 어쩌면 저의 연구는 신계사를 복원하면서 시작됐다고 할 수 있을 것 같습니다. 나중에 안 것이지만 제가 보경사로 출가한 그해 노스님께서 열반에 드셨습니다. 이것도 인연이 아닌가 생각합니다."

스님은 『효봉법어집』을 바탕으로 다양한 자료를 수집하고 정리했다. 또 효봉 스님에게 가르침을 받았던 수많은 남자들을 취재하고 인터뷰했다. 특히나 '조계종의 컴퓨터 스님'으로 불리는 스승 법흥 스님의 증언은 적지 않은 힘이 됐다.

"효봉 대선사께서는 송광사를 중심으로 오늘날 한국불교를 이끌어 가는 많은 제자들을 배출하시고, 통합종단 대한불교조계종의 초대 종정으로서 현대 한국불교 정립에 크나큰 공헌을 하셨음에도 불구하고 의외로 그간 연구가 많지 않았어요. 이것은 침묵의 성자라고 불리실 만큼 과묵하신 성격 탓에 후학

스님의 물건

들이 연구할만한 자료를 남기지 않으신 점이 가장 큰 이유가 될 것입니다. 그래서『효봉법어집』을 근간으로 하여 부족하나마 자료들을 정리하고 최근의 다른 연구를 통해 밝혀진 현대 한국불교에 대한 내용, 선사상에 대한 기존의 연구를 이용하여 최대한 대선사님의 선사상과 실천행의 삶을 밝힐 수 있도록 노력했습니다."

지원 스님은 정통 간화선자로서 태고문손임에도 불구하고 동시에 보조사상 을 선양한 효봉 스님의 사상적 위치는 그간 모순적인 관점에서 고찰되는 경향 이 없지 않았다고 말했다. 지원 스님은 "이 두 사상이 결코 효봉 대선사님의 삶 에서 모순된 것이 아니라 근본적으로 하나인 선禪이 시대에 따라 그 강조점이 달라진 것으로 이해했다. 대선사는 무엇보다 선의 근본주의적인 지향인 태고 사상을 따른 철저한 임제 전통의 간화선자이셨지만, 조선시대와 일제의 억압 을 거치며 피폐해진 한국불교를 현대에 걸맞는 새로운 불교로 재확립하기 위 하여 정혜결사의 정신을 드높이면서 동시에 보조사상에 깊은 관심을 두시고 그 선양에 노력하신 것이다. 그러므로 대선사에게 보이는 두 사상의 양립이 결 코 모순이 아니며 선수행자로서의 삶과 한국불교의 향방을 어깨에 짊어진 대 승보살의 삶이 통합되는 변증의 과정에서 나온 자연스러운 것"이라고 강조했 다.

"요컨대 효봉 노스님과 더불어 현대 한국불교를 대표하는 정초하신 큰스님들 중의 한 분이신 성철 대선사님께서 조선불교 이래의 태고전통을 강조하며 철 저한 선종 근본주의적인 길을 통해 현대 한국불교의 미래를 주장하셨다고 한 다면, 대선사님께서는 선종의 근본정신을 근간으로 하여 보다 폭넓게 한국불 교의 역사를 포괄하시고 불교 자체의 근본정신에 천착하심으로써 현대 한국

박사학위논문 봉정 법회 모습

불교의 방향성을 제시하셨던 것으로 이해할 수 있을 것입니다."

그러면서 스님은 교단의 사회적 역할과 선사상을 구체적으로 정리했다. 지원 스님의 주장은 간단했다. "교단은 스스로의 정체성을 확립해 중생들을 돌보면서 국가 권력과 서로 상보하는 관계로서 독립성을 지켜내야 합니다. 2600년 전 부처님께서 당시의 국왕들에게 설법을 통해 올바른 정치와 인생의 행로를 설파하신 것처럼 한국불교는 이제 현대 한국사회, 더 나아가 인류에게 경쟁과 물질에 찌들어 고통 속에 허덕이는 중생들에게 새로운 희망의 등불이 되어야

　　　　　　　　　　　　　　　　　　　　　　　　스님의 물건

캄보디아 드림나래센터 개원식

합니다. 이것이 바로 보조지눌 스님과 대선사님을 관통하는 정혜결사 정신의
핵심입니다."

지원 스님이 말하는 효봉 선사의 선사상, 즉 심성론과 수증론은 곧 상구보리
의 자리행에 해당한다. 진리(보리)와 그것에 도달하는 길(상구)이 각각 심성
론과 수증론을 이룬다. 그러나 이 자리행의 수증론이 이타행(대타적인 실천
행)과 구분되는 것이 아니라, 자리행은 사회적 실천행을 위한 토대이자 연속적
인 것으로 공존한다.

그러나 자리행이 투철하지 않고서는 이타행이 성립될 수 없으며, 동시에 이타

행으로 이어지지 않는 자리행은 완성된 것이 아니다.

효봉 스님의 심성론은 크게 '심즉시불'과 '견성성불見性成佛', '본원청정심', '허공법신法身 사상'으로 정리된다.

또 수증론은 '돈오점수'와 '정혜쌍수', '간화선의 공안참구', '계정혜 삼학의 실천'으로 나누어 정리할 수 있다. 효봉 스님은 혜능, 조주, 지눌을 자신의 스승으로 표방하였는데 혜능의 남종 조사선법, 조주의 무자화두, 지눌의 수증론이 모두 효봉 스님의 수증론에 담겨 있다.

이런 심성론과 수증론을 기반으로 수행하고 납자들을 제접하면서 효봉 스님은 동시에 자신이 처해 있던 시기에 대한 역사적 인식을 뚜렷이 가지고 있었다. 이런 역사인식을 기반으로 수선사의 정신을 계승하여 제2의 정혜결사를 실행하고 당시 불교정화에 투신하였다고 할 수 있다.

멈출 수 없는 '사회참여'

스님의 효봉 스님에 대한 선양은 끝이 없었다. 지면이 부족해 연구 성과를 정리하지 못한 것이 아쉬울 뿐이었다. 화제를 스님의 사회적 활동으로 돌렸다. 널리 알려진 것처럼 스님은 1980년대부터 민주화운동과 함께 다양한 사회참여 활동을 하고 있다.

1999년에 첫발을 내딛은 위드아시아와 2004년 설립한 참여불교운동본부를 통합해 2011년 '사단법인 위드아시아'로 확대한 스님은 국내·외의 소외되고 어려운 이웃을 돕는 일에 많은 관심을 쏟고 있다.

위드아시아는 아시아 지역 빈곤·소외계층과 국내 소외계층을 지원하는 국제
개발협력 NGO로 지난 12여 년 동안 북한 어린이들을 돕는 인도적인 지원사
업을 전개해왔다. 인도, 라오스, 캄보디아, 미얀마 등에 학교 및 공부방을 건
립하고 각 나라 절대 빈곤 지역 마을에 공동 화장실, 공동 우물 설치와 지붕
개보수, 기초의약품 지원 등 다양한 국제개발협력 활동을 펼쳐오고 있다. 국
내에서는 소외계층 지원사업으로 대구지역 무료급식과 원폭2세 환우 쉼터인
합천평화의집과 연계하여 원폭피해자 및 2세들을 위한 다양한 지원사업을 전
개했다. 또한 최근 부산 용호종합사회복지관, 용호어린이집, 서울 도담어린이
집을 수탁 받아 위탁 운영하고 있다.

지원 스님은 "한국불교는 그동안 대승불교라는 이름에 걸맞지 않게 지구적 차
원의 빈곤문제에 대한 실천이 미흡했다. 위드아시아는 연대와 협력을 통해 불
교계 전체의 구호 활동을 위한 촉매제 역할을 하겠다."고 밝혔다.
스님이 최근부터 이사로 활동하고 있는 '일제강제동원피해자 지원재단'은 정
부 산하 재단으로 일제 강제동원 피해자와 유족의 복지 지원, 유해 발굴, 일제
강제동원역사기념관 운영 등을 위해 만들어졌다. 법조계, 학계, 의학계 등에서
선임된 13명의 이사진 중 지원 스님은 유일한 종교계 인사다.

사실 지원 스님은 종교계에서 일제강점기 피해자를 위한 활동에 가장 적극적
인 사람 가운데 한 명이다. 가장 대표적인 활동이 2010년부터 시작된 '합천 평
화의 집' 운영. '평화의 집'은 일본 히로시마와 나가사키에 떨어진 원자폭탄의
피해를 입은 한국인 2·3세를 위한 시설로, 핵 낙진의 유전으로 제대로 사회생
활을 할 수 없는 사람들이 정보를 교류하고 아픔을 치유할 수 있는 시설이다.

해마다 원폭에 희생된 한국인 영혼을 위한 추모제도 지낸다. 지원 스님은 경기도 광주에 위치한 위안부 할머니들을 위한 '나눔의 집' 설립에도 큰 역할을 하기도 했다.

답답한 흐름이 이어지고 있는 남북관계에 대해서도 스님은 쓴소리를 마다하지 않았다.

"종교계는 정치와 이념을 초월해야 합니다. 통일을 대비해서 우리가 할 역할이 많아요. 불교나 기독교가 북한에 물질적으로 도움을 준 일이 많이 있습니다. 신계사와 같이 남북이 힘을 합쳐 종교교류 성과를 낸 것도 적지 않습니다. 정치적으로 아무리 어렵더라도 종교계는 부단히 인도적 지원과 교류를 해야 합니다. 교류가 꾸준하게 이뤄지면 나중에 정치적으로도 대화가 잘 될 것입니다."

스님은 인터뷰를 시작하면서 "짧게 하자."고 했다. 치통으로 오랜 시간동안 말씀을 나누기 어려웠기 때문이다. 그러나 막상 인터뷰가 시작되자 스님은 치통쯤은 잊은 듯 했다. 스님의 연구와 사회활동에 대한 이야기는 구체적이고 확신에 찬 모습이었다.

문수사가 부산의 중심사찰로 자리 잡은 것처럼, 지원 스님은 앞으로도 이론과 실천을 함께 겸비한 수행자로 많은 사람들이 기억할 것이라는 생각이 절을 내려오는 내내 머릿속을 떠나지 않았다.

"미소선은 사람마다 가지고 있는 아름다운 미소를 통해 수행을 하자는 거예요. 여기에 특별한 방법이 있는 것은 아닙니다. 자기가 짓는 미소를 자각하자는 운동입니다. 미소를 자각하는 순간 자신에게 집중하게 됩니다. 이를 통해 내가 어디에 있는지 알 수 있습니다. 미소자각을 생활화해 순간순간을 놓치지 않았으면 합니다. 하루에 108번 또는 108분 동안 미소를 자각할 수 있으면 좋겠습니다. 이 시간만큼이라도 업장의 지배에서 벗어나면 삶이 좀 더 나아질 수 있습니다."

前 울산 해남사 주지
만초 스님

빨간 스티커,
미소를 켜는
스위치

대도시의 '중구中區' 만큼 세월의 변화를 몸소 보여주는 곳은 없다. 그 옛날 번
화가의 다른 표현으로 승승장구하다가 도시 외곽이 개발되고 또 신도시들이
우후죽순 생기면서 중구의 영화榮華는 썰물처럼 사라져갔다. 그래서인지 요즘
대도시 중구들이 옛 명성을 되찾기 위해 안간힘을 쓰고 있다는 보도를 심심찮
게 접할 수 있다.

울산의 중구도 여느 대도시의 그것과 다르지 않아 보였다. 도시가 생길 무렵

에는 최첨단 건물이었을 것 같은 주택들이 이제는 과거를 상징하는 듯 조용하게 앉아 있다.

주택가 좁은 골목 사이를 지나 해남사를 도착했다. 해남사는 일제시대 때 통도사의 어른 구하 스님이 도심포교의 중요성을 강조하며 울산 한복판에 세웠던 사찰이다. 근대 한국불교가 시작된 이후 사실상 최초의 도심포교당인 셈이다. 절 앞 주차장에 도착하니 설법보전과 교육관, 종무소 등이 눈에 들어온다. 절에 다가갈수록 전각들보다 더 이목을 끄는 글씨가 있었으니, 그것은 바로 '행복미소 가득한 절'. 언제나 미소로 신도들을 제접하는 만초 스님이 주석하는 사찰다웠다. 경내로 들어서니 역시 만초 스님처럼 사찰이 깔끔하다.

만초 스님을 자주 만나는 한 스님이 예전에 해준 말이다.

"체구가 작아 왜소하지만 늘 반듯하고 특유의 기품이 살아있는 분이다. 말소리도 크지 않고 언제나 미소를 잃지 않는 온화한 모습이 너무도 인상적이다. '자비보살'의 모습 그대로다."

몇 년 전 만초 스님을 처음 만났을 때 그 스님의 말씀이 떠올랐다. 틀린 것이 하나도 없었다. 시간이 흘러 오랜만에 만난 만초 스님의 미소는 여전했다.

행복도량, 해남사

앞서 밝혔듯이 해남사는 통도사의 울산포교당이다. 당시 통도사는 총 경비 1만1000원이라는 거액을 들여 해남사를 건립했는데 사찰 내에는 야학과 유치원까지 함께 두었다고 한다. 가정 형편이 어려워 초등학교에 입학하지 못했던 아이들은 해남사에서 운영하는 야학을 다녔다. 특히 이때 건립된 유치원은 당

스님의 물건

해남사 전경

시로서는 최고 시설을 갖추어 울산의 부유층 자녀들만 다닐 수 있었다고 한다. 이렇게 역사를 시작한 해남사는 발전하는 주변과 달리 '도심 속 산중사찰'이 되어갔다. 그러던 중 지난 2008년 만초 스님이 주지를 맡으면서 절은 급격히 변하기 시작했다.

"통도사라는 큰 사찰에 있을 때와 지금은 많이 다릅니다. 산중사찰과 도심사찰의 차이라고도 할 수 있는데요. 산에 있을 때는 사실 소임자 스님들이 그리 큰 노력을 하지 않아도 절은 잘 굴러갑니다. '산'이라는 전통과 역사를 가진 배경이 있고 또 그 안에서 일정 정도 기도와 신행이 진행될 수 있기 때문입니다. 그러나 도심은 달라요. 소임자들의 역할과 비중이 매우 중요합니다. 도심의 신도들은 잘 챙겨줘야 합니다. 산에 있는 절의 경우 이미지가 70, 스님 30의 비중이라면 도심은 이미지는 30도 안됩니다. 나머지는 주지나 소임자들이 70 이상을 해야 합니다. 처음 주지를 맡았을 때 이러한 구조를 몰랐기 때문에 조금은 힘들었어요.

해남사에 처음 와서는 청소부터 했습니다. 그러면서 신도님들을 만났어요. 다른 도심사찰 소임자들도 많이 느끼고 있는 것이라 생각되는데, '수저'만 들고 다니는 신도들이 많습니다. 밥상이 차려지기만을 기다리는 거죠. 함께 참여해서 밥상을 만들려 하지 않고 다 만들어진 것만 먹으려 하는 사람들이 더러 있습니다. 신도님들에게 '하나의 성냥불이 되어 달라'고 부탁했습니다. 성냥불이 모여 불이 될 수 있기 때문에 신도님들에게 어려운 청을 드렸던 거죠. 이를 위해 신도님들의 눈높이에 맞는 프로그램을 계속 만들어왔어요. 이제 어느 정도 안착이 되고 있는 것 같습니다."

스님은 법회에서 불자들에게 당부한다. "여러분은 행복도량 해남사에 오셨습니다. 그러니 앞으로 행복해지시기만 하면 됩니다. 절은 내가 변하기 위해 다니는 것입니다. 내가 변하면 세상도 변합니다."

스님은 울산의 불자와 시민들이 행복해지기를 바라면서 해남사에 다양한 프로그램을 개설했다.

대표적인 것이 바로 불교신행학교. 2015년까지 14기를 배출했고 2016년 3월부터 15기가 입학해 공부하고 있다. 기수 당 50명 정원에 주간과 야간으로 나눠서 진행되기 때문에 불교신행학교를 거쳐 간 사람만 1400명이 넘는다. 4개월 과정의 불교신행학교를 마치면 사찰 안팎에서 봉사활동을 펼친다. 이렇게 절에 머무르는 시간이 약 3년. 행복한 불자가 되지 않을 수 없다.

"절의 존재 이유는 사람들의 행복에 있습니다. 사람들이 절에 오는 이유는 아픔을 치유하고 슬픔을 위로받으며 갈등을 해결하고 싶어서입니다. 절은 행복한 공간이어야 합니다. 절 어디선가 웃음소리가 들리면 떠든다고 핀잔을 주지 마세요. '여기 어딘가에 행복한 사람들이 모여 있구나'라고 생각하시면 됩니다.

불교신행학교에서는 불교 교리를 가르치지 않습니다. 대신 불교라는 '행복의 숲'을 볼 수 있도록 하고 있어요. 숲이 좋으면 그 안에 어떤 나무가 있고 어떤 동물이 사는지 스스로 찾아냅니다. 신행학교를 졸업한 대다수 불자들은 스스로 공부하고 수행합니다."

불교신행학교 외에도 매월 1~3일 진행하는 다라니기도는 만초 스님 부임 이후 꾸준히 진행되고 있는 프로그램이다. 다라니기도에는 해남사 뿐만 아니라 이웃 사찰 신도들도 동참한다. 어린이청소년 행복학교와 초하루, 보름, 지장재일, 관음재일 법회와 같은 정기법회 등도 여법하게 운영된다.

불교신행학교 수업은 항상 웃음이 가득하다.

스님의 물건

어린이청소년 불자들과 함께 한 스님의 모습

만초 스님

이와 함께 스님이 신도들을 위해 마련한 것은 다양한 문화강좌. 꽃꽂이, 다도, 요가, 불화·민화, 무명자수, 참선 등의 문화수행강좌는 매일 이어지고 있다.

해남사에 빨간 스티커가 많은 이유

해남사의 이런 다양한 프로그램은 '미소선' 수행으로 귀결된다. 미소선은 말 그대로 미소를 지으며 지금 여기에서 깨어있는 것을 말한다.

"미소선은 사람마다 가지고 있는 아름다운 미소를 통해 수행을 하자는 거예요. 여기에 특별한 방법이 있는 것은 아닙니다. 자기가 짓는 미소를 자각하자는 운동입니다. 미소를 자각하는 순간 자신에게 집중하게 됩니다. 이를 통해 내가 어디에 있는지 알 수 있습니다. 미소자각을 생활화해 순간순간을 놓치지 않았으면 합니다. 하루에 108번 또는 108분 동안 미소를 자각할 수 있으면 좋겠습니다. 이 시간만큼이라도 업장의 지배에서 벗어나면 삶이 좀 더 나아질 수 있습니다."

스님은 미소를 불러일으키기 위한 방편으로 조그만 빨간색 스티커를 신도들에게 나눠주고 있다.

"보통 신도님 한 분에게 20장 이상의 스티커를 드린 것 같습니다. 신도님들은 각자의 자동차는 물론 집안의 냉장고, 텔레비전, 컴퓨터, 문, 화장실 유리, 침대나 사무실의 컴퓨터 등에 스티커를 붙여 놓습니다. 스티커를 볼 때 마다 미소를 짓자고 합니다. 지금 스스로가 깨어 있는 것을 확인하는 것이죠.

스티커가 있는 공간이 바로 수행처가 됩니다. 그러면 수행 공간 아닌 곳이 없

경내 곳곳에 붙어 있는 빨간 스티커

습니다. 현관문에 붙어 있는 스티커를 보면서 집에 들어올 때 미소를 짓고 가정에 돌아옵니다. 가족들과 다시 만나는 순간을 미소로 시작하는 것이죠. 작은 것이지만 가정에서의 행복은 이렇게 시작됩니다. 하하."

그러고 보니 해남사 경내 곳곳에도 스티커가 있다. 강의실 출입문과 칠판, 각종 장엄물에도 어김없이 스티커가 붙어 있다. 스티커가 많아서 인지 해남사 불자들의 얼굴에도 미소가 넘친다.

스님이 '미소선'을 본격적으로 시작한 것은 통도사 백운암에 있을 때부터다. 하지만 '미소선'의 연원은 스님의 출가 초기로 거슬러 올라간다.

1983년 출가한 스님은 해인사 강원에 다니면서 청화 스님의 '보리방편문'을 매일 독송하고 있었다. 그러던 중 청화 스님이 3년 결사를 한다는 소식을 듣고 짐을 싸서 바로 곡성 태안사로 향했다. 결사에 동참하고 싶었지만 인연이 만들어지지 못했다. 태안사에 있던 한 스님은 실상사 백장암에 가서 용타 스님을 만나보라고 했다. 용타 스님은 당시부터 '동사섭'을 만들어 불자들과 함께 수행하고 있었다.

"백장암에서 6개월 정도 용타 큰스님을 모시고 공부했습니다. 그때 저의 불교관이 확립되었다고 할 수 있을 것 같습니다. 용타 큰스님께서는 지금도 가끔 저에게 전화를 주십니다. '만초 수좌, 지금 행복한가?' '네! 행복합니다', '그럼 됐네' 단 세 마디의 통화인데도 저에게는 깊은 울림을 주십니다. 구수한 전라도 사투리의 큰스님 전화는 즐거우면서도 감동이 있습니다.

출가 초기 용타 큰스님을 친견하면서 '부처님 가르침의 궁극적 목적이 바로 행복이다'는 것을 항상 가슴에 새기고 있습니다. 여러 과정을 거치면서 오늘날의 미소선이 만들어지지 않았나 생각합니다."

말씀을 들으면서 문득 궁금한 생각이 들었다. 왜 하필 빨간색 스티커일까?

"언젠가 지하철을 타고 가다 유리창에 비쳐진 경직된 제 모습을 본 적이 있습니다. 또 차를 운전하다 반대편에서 마주 오는 사람들의 표정을 보면서 '아! 나도 저런 모습이겠구나'라고 생각한 적이 많이 있었습니다. 다들 긴장한 모습들이잖아요. 눈만 감으면 시체와 같을 제 모습을 생각하면서 많이 놀랐어요. 운전을 하면서 빨간 전조등, 빨간 신호등을 볼 때마다 조급해 했던, 빨리 달리지 않는 것에 대한 부정적 감정을 일으켰던 저 자신을 반성하면서 빨간색 스티커를 볼 때마다 들숨을 통해 저 자신을 회수하고 날숨을 통해서 미소를 자각하기 시작했습니다. 미소를 통해 깨어있음의 에너지를 자각하는 것이죠.

사람들은 점과 같은 빨간색을 보면 조급해 하는 마음을 갖습니다. 부정적 정서를 전제하고 있어요. 그럴 때 거기서 일어나는 조급한 마음을 회수해야 합

스님의 물건

니다. 저 뿐만 아니라 대중들도 함께 하기 위해 스티커를 쓰기 시작했습니다. 빨간 스티커가 얼굴에 미소를 켜는 스위치와 같은 역할을 하는 것이죠."
만초 스님은 "훌륭한 가르침이 담긴 경전은 자주 보는 것이 쉽지 않다. 반면 미소선은 쉽게 할 수 있다"고 덧붙였다. 그러면서 스님은 해남사의 '미소사찬 微笑四讚'을 소개했다.

> 한 번의 미소는 한 번의 용서이고
> 한 번의 미소는 한 번의 사랑이며
> 한 번의 미소는 한 번의 감사이고
> 한 번의 미소는 한 번의 행복이다.

절 밖에서도 계속되는 포교

미소선을 비롯한 해남사의 콘텐츠들은 이제 절 담장을 넘어 울산 시내는 물론 전국으로 확산되고 있다. 만초 스님은 해남사에서의 포교성과를 바탕으로 절 밖에서도 다양한 소임을 수행하고 있다. 울산불교종단연합회와 조계종 울산 사암연합회를 이끌고 있고 부산 울산 지역의 스님들이 결성한 모임 '전법도량' 활동에도 열심이다. 또 전국의 소장파 스님들과 함께 '향수해' 단체를 만들어 뛰고 있다.
스님은 "울산이 불교인구 비율이 매우 높은 도시인만큼 조계종, 천태종, 태고종, 원효종, 진각종 등 각 종단의 특성들을 잘 규합해 내는 일이 중요하다."며 "소속종단들이 자체적으로 잘 활동하고 있지만 에너지를 통합시켜 울산지역

울산불교의 저력이 느껴지는 자비도량참법 기도

스님의 물건

에서 종교적 역할을 잘 하도록 최선을 다하겠다."고 밝혔다.

이 중 특히 눈에 띄는 것은 울산불자들이 매년 가을에 봉행하는 '자비도량참법'이다. 울산 태화강변에서 1000명이 넘는 불자들이 5일간 기도를 한다. 자비도량참법은 중국 양무제가 죽은 황후를 위해 당시 중국의 고승 100여 명을 초청해 좋은 경전 구절을 추려 편집한 기도문이다. 그래서인지 기도문을 한 번 접한 사람들은 놓지를 못한다고 한다. 자비도량참법 기도는 만초 스님이 해남사에서 시작해 울산 불교 전체로 확대한 것이다.

만초 스님은 "함께 모여 기도하기 때문에 더 환희심을 갖게 된다."며 "대중들의 기도 동참금은 소외된 이웃들을 위해 사용하고 있다. 작지만 자기 수행도 하며 주변에 회향도 할 수 있는 좋은 기회가 만들어진다."고 덧붙였다.

전법도량 활동도 주목할 만하다. 서로의 포교 노하우를 공유하고 또 미래 계획을 논의한다. 특히 매 안거 때마다 신도들과 함께 '재가 안거'를 진행한다.

"불교는 수행의 종교입니다. 수행은 자신을 변화시키고 교정하는 작업이라고 할 수 있습니다. 꾸준히 정진해서 스스로 부처가 되는 것이죠. 전법도량은 몇 년 전부터 회원 사찰을 중심으로 재가 안거를 실시하고 있습니다. 재가불자들의 수행내용과 수행점검에 대한 구체적인 내용을 담은 매뉴얼을 제작, 보급해 불자들의 수행에 실질적인 도움을 주고자 합니다. 안거 때마다 10개가 넘는 사찰에서 1500명 이상의 불자들이 참여하고 있습니다. 해남사에서도 매회 300여 명이 같이 합니다."

'향수해香水海'도 불자들의 기대를 받고 있다. 향수해는 '수미산을 둘러싼 향수의 바다'를 의미한다. 부처님의 가르침을 실천해 한국불교의 희망이 되고 세상을 향기롭게 만들기 위해 전국 30여 명의 스님들이 머리를 맞댔다.

만초 스님은 이런 활동이 한국불교를 조금씩 바꿀 수 있을 것이라 확신했다.

"먼저 우리 내부의 시스템이 바뀌어야 합니다. 수백 년 전의 법회 형식에서 벗어나 신도들에게 감동을 주는 법회를 해야 합니다. 박제화 된 한문 투의 법회로는 감동을 주지 못합니다. 불자와 소통할 수 있도록 법회 형식을 쉬운 말과 글로 바꿔야 합니다. 그래야 조금이라도 불자들의 마음을 움직일 수 있어요. 감동을 주기 위해서는 스님들에 대한 교육도 다양해져야 합니다. 스님들도 다양한 것을 배우고 경험해야 해요. 그래야 신도들과 눈을 맞출 수 있어요. 많이 변하고는 있지만 기존과 같은 폐쇄적 환경과 교육시스템으로는 신도들의 요구에 부응하지도 못합니다."

스님의 미소와 함께 한 인터뷰는 쉽게 끝나지 않았다. 오전 일찍 시작해 점심 공양 시간이 지나서도 계속됐다. 시계를 본 스님이 공양을 하면서 마무리를 하자고 해 공양간인 '미소실'로 향했다.

미소실 가는 도중 크게 적혀있는 글씨가 눈에 들어온다. "지금 당신의 마음은 무엇으로 채워져 있나요?" 계단을 내려가니 다시 글씨가 나타났다. "오늘의 화두는 미소자각입니다" 당연히 밥이 꿀맛이었다.

해남사가 창건될 당시 경내에 큰 우물을 함께 팠다고 한다. 울산에서 제일 큰 우물이었다고 전해지고 있다. 절을 찾는 사람들뿐만 아니라 인근 주민들도 이용할 수 있도록 일부러 우물을 크게 조성했다는 기록이다.

시간이 흘러 우물은 없어졌지만, 만초 스님과 불자들의 모습을 보며 해남사 자체가 울산의 큰 우물이 되고 있다는 생각을 해 본다.

스님의 물건

"지금 한국불교는 깨달음에 집중하지 못해서 탈입니다. 진력하는 게 왜 허물인가요? 『법화경』 '화성유품化城喩品'에 나오는 대통지승여래는 깨닫고자 했지만 그러지 못해 십겁의 세월 동안 수행해서 깨달음을 얻었습니다. 깨달음에 평생을 거는 것을 왜 탓합니까? 오히려 오랜 시간이 걸리더라도 부처가 나오게 하자고 해야 합니다. 우리가 옛사람처럼 못할 이유가 없습니다."

조계종립 특별선원 봉암사 수좌
적명 스님

스님들의
공부 원력願力이
가장 중요한 그것

올 겨울 들어 가장 추웠던 날 봉암사를 참배했었다. 뼈 속을 파고드는 추위를 실감하고 산을 내려왔던 기억이다. 한 달여 만에 다시 길을 나서는데 이번에는 제법 많은 양의 비가 내린다. 라디오 음악도 비와 관련된 노래뿐이다. 심지어 '봄비'라는 노래까지 들리니, 분별심인지 괜히 봄을 기대하는 마음까지 생긴다.

희양산의 우뚝 솟은 바위 봉우리를 통해 봉암사가 멀지 않았음을 느끼곤 했지만, 이번에는 사정이 다르다. 짙은 안개 때문에 희양산은 커녕 몇 미터 앞도 분간하기가 쉽지 않다. 봉암사에 왔다는 마음을 가라앉히고 차를 세웠다. "수좌首座스님 친견하러 왔습니다." 문을 지키는 거사님에게 신원확인(?)을 받고 나서야 희양산문에 발을 들여 놓을 수 있었다.

경내 역시 안개가 자욱했지만 봉암사는 봉암사였다. 모든 것이 반듯해 보였다. 경내를 흐르는 계곡의 물소리도 우렁찼다. '종립宗立' 선원의 기상氣像이 빗속에서도 어김없이 느껴졌다.

대웅보전을 참배하고 수좌 적명寂明 스님을 뵙기 위해 동방장東方丈실로 갔다. 약속 시간보다 일찍 도착해서인지, 적명 스님과 대중공양을 올리러 온 불자들과의 차담이 계속되고 있었다. 인터뷰를 위한 결의(?)를 다질 겸 대웅보전에서 108배를 올렸다. 몸과 마음에 긴장이 생겼다.

진짜 어른의 역할

절을 마치고 내려오자 마침 불자들은 기분 좋은 표정으로 동방장실을 나오고 있었다. 선지식善知識을 친견하고 나왔을 때의 그 얼굴이었다. 2009년 2월 스님이 봉암사의 '조실 격 수좌'로 추대됐을 때부터 여러 차례 뵙고 많은 말씀을 들었지만 막상 스님 방에 홀로 다시 앉으니 또 새롭다.

"이번 철에는 61명의 대중이 함께 살았습니다. 지난 여름에는 70명쯤 살았는데 이번 철에는 성적당惺寂堂 보수공사를 한다고 대중이 좀 더 줄었습니다. 그래도 대중 모두가 열심히 정진하고 있어 분위기는 더 좋은 것 같기도 합니다."

말씀을 들으며 궁금한 것이 생겼다. 안거 때면 보통 90명 이상이던 대중 숫자

스님의 물건

예불을 올리기 위해 대웅보전으로 향하고 있는 봉암사 대중스님들

가 많이 준 것이다.

"봉암사 자체 내규內規를 지난 여름부터 시행하고 있어요. '제1조 간화선 수행자만 방부를 들일 수 있다'를 비롯해 모두 9개 조항이 있습니다. 내규를 시행한다고 공표했을 때 대중 숫자가 50명도 안 될 줄 알았는데 그래도 많은 사람들이 왔어요. 사소한 내용일 수 있지만 규제에 상관없이 공부하겠다는 사람들이 아직 많이 있어서 다행입니다."

적명 스님은 봉암사에서는 간화선 수행을 우선에 두지만 평소 스님들이나 불자들의 개인 수행으로 위빠사나나 다른 수행법을 배격하는 것은 아니라고 설명했다.

적명 스님은 수좌 소임을 맡을 때부터 태고선원 서당 큰방에서 대중들과 함께 정진을 했다. 몇 년간 어김없이 대중 속에 있었지만 얼마 전부터는 허리가 아파 정진 시간을 좀 줄였다. 사실 78세에 대중들과 같이 정진하는 것은 쉬운 일이 아니다.

이번 안거 때는 새벽과 저녁 정진에만 동참하고 있다고 한다. 그렇다고 해서 수좌로서의 책임까지 놓은 것은 아니다. 공부를 막 시작한 젊은 스님들을 중심으로 공부 점검을 계속 하고 있다.

"안거의 절반이 지나면 첫 보름동안 3인 1조로 대중이 석참夕參을 했습니다. 또 그 다음 보름은 자율 석참을 했어요. 그래도 묻고 싶은 것이 있는 사람은 마지막 보름동안 시간을 잡아 면담을 합니다. 공부하는 사람들에게 조금이라도 도움을 줄 수 있어 다행이라 생각하며 열심히 하고 있습니다. 하하."

주로 무슨 질문을 받느냐고 여쭙자 "공부 얘기가 많다."고 스님은 귀뜸했다.

"자기가 공부를 제대로 하고 있는지, 화두가 잘 안 들릴 때는 어떻게 해야 하

스님의 물건

느지, 어떻게 하면 더 화두공부를 잘 할 수 있는지 등 실참實參에 대한 것은 물론이고 공空과 연기緣起와 같은 교리를 묻는 사람도 많아요. 제가 아는 범위 내에서는 최대한 자세히 얘기를 해 주려 합니다."

간화선 수행자들 사이에서 '점검'이 사라졌다고 하는 말들이 많지만 봉암사는 예외였다. 이렇게 점검이 가능한 것은 적명 스님이 산처럼 자리를 지키고 있기 때문일 것이다. 스님이 선원의 어른으로서 동안거를 마치는 대중들에게 가장 당부하고 싶은 것은 무엇일까?
"나이든 중이 젊은 사람들한테 당부할 일이라면 열심히 정진 하라는 얘기밖에 없어요. 예전에 해인사 일타 스님이 선방에 다니면서 제방의 어른스님들에게 여쭈어 보았다고 합니다. 젊은 시절로 돌아간다면 무엇을 제일 하고 싶냐고요. 그랬더니 노장님들이 하나 같이 정말 죽을힘을 다해 정진을 하고 싶다고 하더래요. 저도 나이가 들어보니 젊었을 때 열심히 해야 한다는 생각을 하게 됩니다. 봉암사든 어디든 서 있는 곳에서 항상 열심히 수행하기를 바랄 뿐입니다."
인터뷰는 선원 안팎의 현안으로 이어졌다.

깨달음은 불이不二

먼저 요즘 이슈가 되고 있는 깨달음 얘기부터 꺼냈다.
"깨달음은 깨달음입니다. 하하. 깨달음의 내용은 불이不二입니다.
연기緣起는 공空입니다. 공空은 중도中道이고 불이입니다. 둘이 아니라는 것은 너와 내가 둘이 아니고 이 세계가 둘이 아니라는 것입니다. 선사들은 이것을 세계일화世界一花라고 말씀하셨어요.

깨닫고 난 뒤에는 정서적으로 자유로워집니다. 온갖 감정에서 해탈하는 것이에요. 또 지적인 장애에서도 벗어납니다. 깨달은 이들의 특징을 들자면 자비심慈悲心이 생긴다는 것입니다. 모든 사람을 가족으로 생각합니다. 그래서 불이는 진정한 사랑이 됩니다. 진정한 사랑은 대자대비大慈大悲로 표현됩니다."

스님은 깨달음이 불이로 연결되어야 한다고 강조했다. 깨달음이 문자로만 남아서는 곤란하다는 것이었다. 스님은 최근 벌어진 깨달음 논쟁에 대한 생각도 전했다.

"최근에 현응 스님이 한 번 다녀갔습니다. 현응 스님은 자신이 말한 '이해'가 관용적으로 쓰이는 그 이해가 아니라고 해요. 반야般若의 다른 표현이라고 했습니다. 현대 사람들에게 가장 적절한 표현으로 이해를 썼다고 합니다. 그렇다고 하면 특별히 잘못된 것은 없다고 봅니다. 다만 언어 선택에 오해의 소지가 좀 있었다고 할까요?

그런데 단순한 이해라는 것도 즉, 지적인 이해라는 것도 사실은 교학적 입장에서는 가끔씩 써오던 표현입니다. 보조 스님이 깨달음의 과정에는 '지무생사知無生死', '체무생사體無生死', '계무생사契無生死', '용무생사用無生死'가 있다고 하시면서 '지무생사' 즉 '이해'를 말씀하셨거든요. 이해라는 것이 깨달음의 한 과정이라고, 깨달음을 위한 준비의 한 단계라고 볼 수 있다고 하면 현응 스님이나 수불 스님 모두 어렵지 않게 접점을 찾을 수 있으리라 생각합니다."

스님은 한국불교가 깨달음 지상주의에 빠져 있다는 일각의 지적에 대해서는 강한 거부감을 드러냈다. 오히려 깨달음에 제대로 매달린 적이 있느냐고 반문했다.

"불교라는 종교는 깨달음이 있기에 성립되는 것입니다. 깨달음 없이 불교는 있을 수 없어요. 석가모니 부처님이 6년간의 고행 끝에 깨달음을 얻고 교진여를 비롯한 5비구를 만났습니다. 깨달음을 얻지 못했다면 아마 내려오지 않았을 것입니다.

지금 한국불교는 깨달음에 집중하지 못해서 탈입니다. 진력하는 게 왜 허물인가요? 『법화경』 '화성유품化城喩品'에 나오는 대통지승여래는 깨닫고자 했지만 그러지 못해 십겁의 세월 동안 수행해서 깨달음을 얻었습니다. 깨달음에 평생을 거는 것을 왜 탓합니까? 오히려 오랜 시간이 걸리더라도 부처가 나오게 하자고 해야 합니다. 우리가 옛사람처럼 못할 이유가 없습니다. 대중을 위한 좋은 일은 종교와 관련 없이도 얼마든지 할 수 있습니다. 그것이 불교의 근본인 것처럼 말하는 것은 옳지 않습니다."

그러면서 스님은 깨달음에 가장 빠르게 도달할 수 있는 것이 간화선看話禪이라고 강조했다.

"간화선은 구조적으로 깨달음으로 가는 최고의 길입니다. 화두를 드는 것은 능소能所가 끊어지는, 그야말로 상대성이 끊어지는 깨달음으로 바로 들어가는 특별함이 있어요. 특별함이 있기 때문에 짧은 시간에 수행의 주류가 된 것이고 그 전통이 이어지는 것입니다.

간화선에 대한 오해는 그것을 제대로 하지 않아서 발생합니다. 어떻게 보면 쉽기도 하고 또 어떻게 보면 어렵기도 한 것이 간화선입니다. 일상에서 어떤 일에 의심을 갖게 되면 해답을 찾기 위해 온갖 노력을 합니다. 간화선도 바로 그런 원리입니다.

간화선이 사람들에게 익숙하지 않은 화두에 의지하는 점이 있긴 합니다만, 꾸준하게 한다면 정진이 그리 어려운 일은 아닙니다. 깨달음에 대한 믿음을 갖고 그것을 이루기 위해 서로 격려하는 모습이 필요합니다. 지금처럼 깨달음을 배격해서는, 깨달음을 이루는 사람이 배출되기 어려울 것입니다."

적명 스님은 종단 주변의 범계犯戒 문제가 끊이지 않는 것에 대해서도 일침을 놓았다. 스님은 특히 스님들이 돈을 만지지 못하게 해야 한다고 강하게 말했다. "수행은 욕망의 절제를 말합니다. 그것이 안 되기 때문에 속인보다 더 욕심이 많다고 스님들이 욕을 먹습니다. 스스로 수행자가 아님을 드러내고 사람들로부터 불신을 삽니다. 스님들에게 욕심을 일으키게 하는 장본인이 바로 돈입니다. 스님들 손에서, 특히 비구 손에서 돈이 떠나게 해야 합니다. 수행자는 열심히 정진해서 사회의 존경을 받으면 그만입니다. 그러지도 못하면서 부富까지 가지려하니 속인보다 더한 속인이 되어 버렸습니다."

스님은 선방 문화가 바뀌는 것에 대해서는 시간의 변화에 따른 자연스런 현상으로 진단했다.
"예전 선방은 지계持戒 관념도 없었고 무식無識을 자랑하던 모습이었습니다. 그러다 해인총림이 생기면서 수좌들이 공부도 하기 시작했습니다. 성철 스님이 '백일법문'을 하면서 선방 지대방에서도 체용體用이 어떻고, 쌍차쌍조雙遮雙照가 어떻고, 돈오돈수頓悟頓修가 어떻고 하는 얘기를 하기 시작했어요. 그전에는 한가하게 이런 저런 주변의 얘기나 하는 정도였거든요. 토굴 문화나 각방 문화 같은 것도 사회경제적 변화에 따라 생기지 않았나 싶어요. 다만 선방의 변화

스님의 물건

가 항상 수행 중심이어야 한다는 것은 명심했으면 합니다."

한국불교의 선원을 대표하는 어른답게 스님은 수행과 종단 문제에 대한 다양한 생각을 밝혔다. 말씀을 들으면서 스님에 대한 몇 가지 풍문(?)에 대한 사실확인을 하고 싶어졌다. '육군사관학교 출신이다', '기계체조 선수 출신이다' 등등 오래 전부터 들어왔던 소문들을 확인하기 위해 숨도 돌릴 겸 출가 인연을 여쭈기 시작했다. 출가 인연 속에 오늘날의 적명 스님이 그려져 있었다.

"성공해도 실패해도 한 줌 흙으로 남는 인생인데…"

"저는 대입 재수를 하다가 21살에 출가를 했습니다. 중이 되리라고는 생각도 못하다가 갑자기 출가를 했어요. 중학교 때까지는 동네에서 알아주는 말썽꾸러기였다가 고등학교 때부터 공부를 시작해 고3때는 육사 입학시험에 지원할 정도는 됐어요. 당시 육사 경쟁률이 50대 1, 60대 1 할 때였는데, 필기는 붙고 2차 면접에서 떨어졌어요. 재수해서 육사에 합격해 복수(?)하고 보란 듯이 다른 대학에 가려고 했는데 그러지는 못했습니다. 하하. 기계체조도 취미삼아 했지, 선수는 아니었습니다."

출가 전 스님은 출가자들을 잘못된 선택을 하는 사람이라고 생각했다. 세상 사람들과 어울리지 못하고 자신만을 위해 사는 것 같은 모습에 대해 부정적이었다. 홀로 대입 공부를 하던 중 중학교 때의 친구를 만났다. 그 친구는 불교 단체에서 신행 활동을 하던 중이었다.

"그 친구가 부처님에 대한 얘기를 해줬습니다. 부처님은 모든 것을 다 아는 분

적명 스님이 원택 스님과 대화를 나누고 있다.

스님의 물건

이고 뭐든지 할 수 있는 능력을 가진 분이라고 해요. 그래서 제가 물었어요. 그런 분이 왜 계속 살아 있으면서 가르침을 펼치지 않고 돌아가셨느냐고요. 그랬더니 친구는 '부처님은 욕망을 버린 분이다, 삶에 대한 욕망도 없었고, 죽음을 기피하지도 않고 피하지도 않았다'고 했어요. 모든 것을 통달했기 때문에 죽음 따위도 두려워하지 않았다는 것이죠. 친구 얘기를 들으면서 저는 대학에 가기 위해 열 몇 가지 과목을 공부하는데 부처님처럼 모든 것에 통달하면 굳이 공부를 할 필요가 없겠다는 생각도 잠시 들긴 했습니다. 하하."

처음에는 농담처럼 들었던 친구의 말이 계속 가슴에 남아 있었다. '부처님은 모든 것을 아는 분이고 뭐든 할 수 있는 능력을 가진 분이다.' 그래서 출가를 생각하기 시작했다. 혼자 한라산에 올라 며칠씩 고민하기를 여러 번. 몇 개월이 훌쩍 지났다. 결심이 섰다.
"육사 입학시험에 떨어지고 나서는 원자력 공학을 공부해서 교수가 되는 것이 당시의 제 꿈이었습니다. 그런데 그렇게 살아도 결국 한 줌 흙으로 다시 돌아가거든요. 그래서 결심을 했어요. 부처님처럼 진리를 찾는 사람이 되어 보자고요. 부처님이 되지 못해도 후회를 할 것 같지는 않았어요."

출가 결심을 어머니에게 말씀드렸다. 어머니의 대답은 "네가 출가하면 나는 죽는다."였다. 스님은 어머니의 말씀에도 흔들리지 않았다. "어머니가 돌아가시면 무덤 만들어 놓고 출가하겠습니다." 아들의 강경한 뜻에 어머니도 더는 말을 잇지 못했다. 그렇게 스님은 출가를 결행해 부산 범어사로 갔다. 제주도에서 배를 타고 나갈 수 있는 가장 가까운 곳이 부산이었기 때문이다.
범어사 객실에서 하룻밤을 묵는데, 거기서 만난 스님이 나주 다보사행을 추천했다. 그렇게 인연이 이어져 결국 우화 스님을 은사로 수행자가 되었다.

스님은 전국의 선방을 다니며 공부했다. 또 토굴에서도 짧지 않은 시간동안 정진했다. 스님이 겪은 총림 선원의 풍경은 어땠을까?

"조계총림 송광사는 아마 총림 중에서 제일 보수적인 가풍 같습니다. 여법하게 살리려고 노력을 많이 합니다. 해인총림은 조계총림보다는 조금 자유로운 것 같고요. 그래도 선사禪師들이 많이 계셔서 대중들을 잘 이끌어 주셨습니다. 영축총림 통도사는 총림이 되기 전에 몇 철 살았어요. 극락암 호국선원에서는 거사님들과 함께, 통도사 보광선원에서는 보살님들과 함께 정진했어요. 재가자들과 같이 있다 보니 함부로 졸 수 없었습니다. 하하."

스님은 근현대 한국불교의 많은 선지식善知識들을 가까이에서 모시기도 했다.

"저에게 가장 많은 영향을 준 분이라고 하면 성철 스님을 꼽을 수 있을 것 같습니다. 선교禪教에 두루 능통했고 총림을 만들어 선방을 일신시켰습니다. 서옹 스님은 공부 얘기만 하던 분이었어요. 보살행으로는 지월 스님을 따라갈 분이 없었고, 경봉 스님이나 춘성 스님은 뭔가 특별함이 있던 분들입니다. 법문하는 것을 보면 전강 스님 같은 분이 없습니다. 향곡, 설봉 스님 등도 기억에 남습니다."

인터뷰를 마무리하면서 불자와 국민들이 좀 더 쉽게 수행을 할 수 있는 방법도 여쭈었다. 스님의 답은 수행이 그리 어렵지 않다는 것이었다.

"수행은 마음을 다스리는 것입니다. 욕망을 절제하는 것이에요. 사람들에게 당부를 합니다. '하고 싶은 말을 하면 안 된다, 해야 될 말만 하자. 하고 싶은 일을 하면 안 된다. 해야 될 일만 하자'고 말입니다. 이 두 가지만 지키면 저절

대중공양을 올리러 온 백련암 불자들에게 법문을 하고 있는 적명 스님의 모습

로 수행이 될 것입니다. 수행은 말과 행동을 절제하는 것에서 시작해야 합니다. 불쑥 말하고 불쑥 저지르면 안 됩니다. 이 작은 것이 계율의 전부이고 수행의 전부입니다."

곧 이어 공부에 도움이 될 수 있는 경전을 추천해 달라고 청을 드렸다. 스님은 『금강경』과 『능엄경』을 추천했다.

"두 경전은 대비되는 경전입니다. 『금강경』은 대승불교의 뿌리이자 선禪의 경전입니다. 색즉시공色卽是空이면 끝이에요. 반면 『능엄경』은 왜 공空인지 논리적으로 자세히 설명을 해줍니다. 두 경전을 함께 보면 공부하는데 많은 도움을 받을 수 있을 것입니다. 여력이 된다면 공空과 유식唯識을 종합한 인도불교의 완결판이라 할 수 있는 『대승기신론』도 추천해 주고 싶습니다."

오랜 시간동안의 인터뷰는 흥미진진했다. 불교와 수행에 대한 스님의 생각을 하나하나 확인할 수 있었다. 스님에게 스님의 삶과 수행을 드러낼 수 있는 '물건'이 있으면 말씀해 달라고 했다. 스님은 "예전에 많이 보던 책이나 젊었을 때 찍었던 사진 등이 제대로 남겨둔 것이 하나도 없다."면서도 "그래도 신발은 떨어질 때까지 신는다."며 웃었다.

한국불교의 자존심이자 공부하고자 하는 수좌스님들의 영원한 고향 봉암사가 바로 스님의 물건이 아닐까 하는 생각을 하며 봉암사를 나왔다.

'한고추閑古錐'란 말이 있다. 닳아서 끝이 날카로우면서 노련한 송곳이라는 말이다. 서슬이 밖으로 드러나지는 않지만 원숙함으로 사람들의 마음을 울리는 진짜 수행자를 빗댄 표현이다. 우리 시대의 선지식 적명 스님에게 '한고추閑古錐'란 말이 어색하지 않아 보인다.

"큰스님의 하심下心과 조고각하照顧脚下를 생각하면서 혹여나 제 스스로가 흐트러지고 있는 것은 아닌지 성찰합니다. 고무신은 큰스님의 가르침을 담고 있으면서 앞으로 제가 어떻게 살아야 할지를 가르쳐 주는 나침반 같은 역할을 하고 있습니다."

조계종 사회노동위원장
혜용 스님

하얀 고무신,
스승의 가르침이자
제자의 다짐

#장면 1

2015년 10월 7일 오전. 불교계 스님들을 비롯한 천주교, 개신교의 종교인들과
시민사회단체 회원들이 아스팔트에 온 몸을 던졌다. 하얀 민복은 도시의 흙
과 먼지를 뒤집어쓰면서 금방 형체를 알아볼 수 없게 됐다.
사람들이 온몸으로 말한 것은 세월호 사고로 생명을 잃은 故 김초원, 이지혜

혜용 스님   173

교사의 순직 인정이었다. 죽음 앞에서만큼은 사람을 차별하지 말라는 간절한 호소였다.

이날 오체투지는 조계종 사회노동위원회(위원장 혜용 스님)와 천주교 서울대교구 노동사목위원회, 기독교교회협의회 인권센터가 세월호 기간제 교사의 순직 인정을 촉구하며 진행한 것이었다. 오체투지에는 두 교사의 아버지를 비롯해 사회노동위원장 혜용 스님, 사회노동위원 도철 스님, 태고종 충북노동인권위원장 진화 스님, 천주교 서울대교구 노동사목위원회 부위원장 정수용 신부와 홍익대학교 청소노동자, 쌍용자동차 해직 노동자, 불교시민사회 활동가 등 50여명이 동참했다.

혜용 스님은 "생명의 가치는 모두 동일하다. 누구 한명 억울함이 없이 같은 길을 가야한다."며 "오늘의 오체투지가 변화의 불씨가 되어 하루 빨리 두 기간제 교사의 순직이 인정되기를 바란다."고 강조했다.

#장면 2

"인간답게 살아갈 생활터전을 만드는 것이 국가가 해야 할 일입니다. 더 이상 가난하고 힘없는 약자들이 죽어가는 일 만큼은 막아야 합니다."

조계종 사회노동위원회(위원장 혜용 스님)는 2016년 2월 26일 오전 11시 서울 광화문광장 지하 해치마당에서 '송파 세 모녀 2주기 추모재'를 봉행했다. 사회노동위와 빈곤사회연대, 장애등급제ㆍ부양의무제 폐지 광화문공동행동 등이 공동 주최한 이번 추모재에는 사회노동위 실천위원 스님 10여명을 비롯해 모두 30여명이 참석했다.

스님의 물건

혜용 스님이 새롭게 포교를 펼쳐나갈 도량인 안성 대원사 전경

스님의 물건

사회노동위원장 혜용 스님은 "경제를 핑계로 사회적 약자를 위한 복지혜택이 줄어들어서는 안 된다. 우리 사회 곳곳에 복지사각지대가 존재하기 때문이라며 앞서 세상을 떠난 송파 세 모녀 영가를 추모하며 다시는 이런 일이 발생하지 않기를 기도한다."고 말했다.

송파 세 모녀는 지난 2014년 2월, 서울 송파구의 한 단독주택 방 안에서 번개탄을 피워놓고 동반 자살했다. 당시 세 모녀는 질병으로 생활고를 겪고 있었지만 기존 복지제도의 틀 안에서 아무런 지원도 받지 못해 사회적 논란이 제기된 바 있다.

혜용 스님을 처음 만난 곳은 서울 도봉산 광륜사였다. 몇 년 전 스님은 광륜사 주지소임을 맡고 있었다. 그곳에서 스님은 매월 한차례씩 산을 찾는 시민들에게 무료 국수공양을 올리고 있었다. 지인을 통해 이 소식을 듣고 등산도 하고 국수도 얻어먹을 겸 광륜사를 찾았다. 등산 후 먹는 국수는 말 그대로 꿀맛이었다. 평소 좋아하는 국수를 몇 그릇이나 얻어먹어서인지 그 후로 스님을 만날 기회가 많아졌다.

스님은 조계종 사회국장과 종교평화위원장 등을 역임한 뒤 최근 들어서는 사회노동위원장을 맡아 동분서주하고 있다. 사회노동위는 위에서 살펴본 것처럼 우리 사회 소외계층들을 보살피고 어루만지는 일을 담당하는 기구다. 세월호나 빈곤 문제는 물론 각종 노동 현안 등의 대안을 마련하고 피해자들을 위로하고 지원하는 등의 다양한 활동을 펼치고 있다.

스님이 사회노동위 일로 전남 무안에서 상경한다는 소식을 듣고 잠깐의 시간을 요청했다. 인사동의 한 찻집에서 만난 스님은 "인터뷰를 핑계로 좀 쉴 수 있겠다."며 웃었다.

청화 스님 진영 앞에 선 혜용 스님

'스님의 물건'을 알아보기 위한 인터뷰였지만, 스님은 스승 청화 스님과의 인연부터 설명하기 시작했다. "큰스님의 가르침 속에 물건이 있다."며 스님은 운을 뗐다.

성자聖者, 청화 큰스님

"제 고향은 전남 무안입니다. 집안 어른들은 교회를 다니셨습니다. 그런데 저는 절이 좋았습니다. 어렸을 때부터 스님이나 신부가 되겠다는 생각을 했습니다. 제가 다닌 고등학교가 나주 금성고인데, 학교 바로 인근에 심향사가 있었습니다. 자연스럽게 심향사를 다니며 본격적으로 부처님과의 인연을 만들어 갔습니다. 대학에 입학해서도 불교와의 인연을 놓지 않고 있다가 곡성에 '큰스님'이 계시다는 소문을 듣고 태안사로 찾아가게 됐습니다. 그때가 1990년 1월입니다. 제가 고등학생 시절 심향사에 다닐 때 당시 주지가 성오 스님인데, 스님께서는 매 기수마다 1명 이상을 출가시키겠다는 원력을 세웠습니다. 성오 스님의 원력 때문이었는지 모르겠지만 그렇게 출가를 하게 됐습니다. 하하."

스님은 "지금도 태안사가 고향 같다. 태안사에 가면 너무 마음이 편하고 좋다."고 전했다. 곡성에 계시다는 '큰스님'이 바로 청화 스님이었다. 스님은 곡성 시내에서 6시간을 걸어 태안사에 도착했다. 한겨울 추위에 몸은 꽁꽁 얼었지만 절에 도착하면서 언제 그랬냐는 듯이 추위가 달아나기 시작했다.
"태안사에 도착한 뒤 일주일을 더 기다려 청화 큰스님을 친견했습니다. 출가하겠다고 말씀을 드렸는데, 큰스님께서는 조금 기다려보라고 하셨습니다. 그렇게 보름을 더 기다리다가 결국 머리를 깎았습니다. 지금 생각해보면 머리를 깎을 때는 그렇게 발심發心을 한 것 같지는 않습니다. 그런데 출가를 하고 큰스님을 모시면서 발심이 된 것 같습니다."

스님은 어렸을 때 이미 같은 고향 출신의 '큰스님'이 태안사에 계시다는 얘기를 얼핏 들었다고 한다. 전설처럼 들었던 '큰스님'을 직접 만나서 출가인연까지 맺게 된 것이다. 스님은 청화 스님을 처음 만났을 때의 기억을 다시 떠올렸다. "그때는 솔직히 은사스님이 지금 제가 아는 바와 같은 스님인 줄 몰랐습니다. 다만 처음 만났을 때부터 인자하고 자애롭게 느껴지는 그런 분이셨습니다. 큰스님께서 저에게 '왜 출가하려 하는가'라고 물어 보셨습니다. 그래서 제가 '부처님이 좋아서 출가하려 합니다'라고 대답을 했습니다. 큰스님께서 '그러면 내가 아닌 다른 스님을 스승으로 해도 좋겠냐'고 말씀하셨습니다. 저는 '그래도 큰스님께 출가하고 싶다'고 했습니다. 하하."

혜용 스님은 "당시 태안사 살림은 무척 어려웠다. 행자 도반만 16명이었는데, 당시 도반들이 없었다면 아마 중간에 포기하고 나왔을지도 모른다. 그때는 정말 '새벽부터 새벽'까지 일을 했다. 도반들이 서로 우애가 있었고 힘이 돼 주었다. 행자시절을 함께 보낸 도반들이 너무 고마운 사람들이다."고 했다. 당시 함께 생활을 했던 혜용 스님의 도반들은 대부분 선방에서 정진하거나 기도를 하면서 지내고 있다고 한다. 스님은 "지금도 도반들을 자주 만나고 있다. 도반 중에는 10년 넘게 묵언 수행을 하고 있는 분도 있다"고 했다.

스님은 청화 스님 시봉을 많이 하지는 못했다고 한다. 출가 후 행자생활을 마

스님의 물건

치고 곧바로 중앙승가대학에 입학했기 때문이다.

"제가 출가한 이후 큰스님 시봉은 제 사형師兄인 광전 스님이 주로 하셨습니다. 저는 광전 스님이 계시지 않을 때 일주일이나 보름정도씩 모셨습니다. 큰스님께서는 모든 것을 스스로 해결하셨기 때문에 시자侍者들에게 일을 시키는 경우는 거의 없었습니다. 그저 옆에서 자리만 지키고 있었죠."

혜용 스님은 "스스로 너무 부족하다고 생각해 큰스님께 다가가는 것이 쉽지 않았다. 승가대학에 가고 또 대학원에 다니면서 큰스님을 많이 모시지 못해서 항상 죄송한 마음이었다."고 전했다.

하심下心과 조고각하照顧脚下

"결론적으로 다겁생 동안 과연 큰스님 같은 분을 만날 수 있을까라는 생각을 할 정도의 어른이라고 생각합니다. '영원한 스승'이라는 말입니다. 큰스님은 모든 사람에게 인자하고 자애롭고 한없이 편안하게 말씀을 해주셨습니다. 또 항상 하심下心으로 대중들을 맞이했습니다. 수행 정진에 있어서도 스스로 철저하게 공부를 하셨습니다. 또 남에게 빈틈을 보여주지 않으셨고요. 옷을 다릴 때도 주름이 하나도 없을 정도로 직접 열심히 다렸습니다. 이렇게 당신 스스로에게는 너무 철저하셨지만 상좌나 신도들에게는 편안하고 자애로운 분이셨습니다.

큰스님께서는 곡성 태안사에 계시면서 태안사를 종단 기초선원으로 만들고 싶어 하셨습니다. 동리산문의 역사를 가지고 있는 태안사를 승가부흥의 출발지로 만들고 싶어 하신 것입니다. 그러나 1994년 종단 개혁을 전후로 인연이 없다고 판단하신 것 같습니다. 큰스님께서는 승가교육과 재가교육의 중요성을 누구보다 강조하신 분입니다. 큰스님은 승가대학은 물론 재가자들을 교육하기 위한 불교대학도 설립하려는 원력을 가지고 계셨습니다. 미국에 계실 때도 세계적인 불교대학을 만들려는 마음이 있었던 것으로 알고 있습니다."

혜용 스님은 스승 청화 스님을 회고했다. "뵙기만 해도 몸이 절로 숙여지는 큰 어른이었다."고 스님은 여러 차례 강조했다.

"큰스님의 수행에 대해서 그리 많은 것을 듣지는 못했습니다. 다만 큰스님께서는 항상 마음의 고향을 찾아가는 공부를 하라고 하셨습니다. 큰스님은 철저하게 검소한 생활을 하셨고 뼈를 깎는 수행력을 보여주셨습니다. 그럼에도 대중들한테 '나는 이렇게 공부했다. 그러니 너희들은 이렇게 해라'는 말씀은 전혀 안했습니다.

또 큰스님께서는 당신이 강조하신 염불선念佛禪에 대해 '외도'라는 얘기를 수없이 들었습니다. 당시에는 종단에서 다양한 공부법에 대해 인식을 하지 못했습니다. 그러나 큰스님께서는 외도라는 지적에 대해 한 번도 반박을 하지 않았습니다. 당신께서 생각하시는 공부법이 정통선이고 이 정통선 수행에 대해 자신감이 있었던 것 같습니다. 큰스님께서는 염불선을 말씀하셨지만 여느 수행자 못지않게 철저하게 참선도 하셨고 어느 누구보다 경율론 삼장에 해박하셨습니다."

이렇게 열변을 토하던 혜용 스님이 갑자기 바랑에서 하얀 고무신을 꺼내 보였다. 생전 청화 스님은 하얀 고무신을 주로 신었다고 한다. 그래서 스님은 현

혜용 스님의 하얀 고무신

재 주석하고 있는 무안 혜운사에 있을 때면 항상 하얀 고무신을 신는다며 설명을 시작했다.

"고무신을 신고 또 고무신을 보면서 청화 큰스님의 가르침을 생각합니다. 예전에 태안사나 성륜사에 큰스님이 계실 때 고무신을 신고 경내를 다니시던 모습이 아직도 눈에 선합니다. 하얀 고무신이 너덜너덜해질 때까지 큰스님은 고무신을 신고 다니셨어요. 그 모습을 보면서 고무신 안에 큰스님의 모든 것이 담겨 있다는 생각을 합니다.

큰스님의 하심下心과 조고각하照顧脚下를 생각하면서 혹여나 제 스스로가 흐트러지고 있는 것은 아닌지 성찰합니다. 고무신은 큰스님의 가르침을 담고 있으면서 앞으로 제가 어떻게 살아야 할지를 가르쳐 주는 나침반 같은 역할을 하고 있습니다."

스님의 물건은 바로 고무신이었다. 스승의 가르침을 상징하는 것이라고 했다. 스님은 스승에 대한 이야기를 이어 나갔다. 여느 스님들이 그러하듯 스승에 대한 무한 존경이 느껴졌다.

스승의 '대중불교'와 제자의 '실천불교'

"큰스님이 한국불교에 던진 것은 많다고 봅니다. 그 중에서도 가장 중요한 것은 한국불교가 대중과 함께 하는 대중불교가 돼야 한다는 것입니다. 큰스님께서 주창하신 것은 염불선입니다. 이것은 육조 스님과 원효 스님, 서산 스님 등이 말씀하셨듯이 '나무아미타불'을 하면 극락에 갈 수 있다는 얘기입니다. 큰스님께서 대중법문을 많이 하신 것은 아니지만 스스로 먼저 공부를 하고 나서 대중교화에 힘쓰셨습니다. 또 책 저술도 많이 하셨습니다. 그리고 화두 일변도의 수행풍토에서 염불선이라고 하는 새로운 패턴을 제시하셨습니다. '다양성'을 제시한 것입니다. 큰스님은 염불선을 강조했지만 그것이 제일이라고는 하지 않습니다. 사람마다 근기에 따라 수행할 수 있지만 그래도 쉽게 할 수 있는 것이 염불선이라고 하셨습니다. 염불선의 포인트는 나와 부처님이 둘이 아니라는 것입니다. 이것이 핵심입니다. 일심 心의 마음으로 들어가면 그것이 바로 염불선입니다.

큰스님은 하루 한번 공양하는 일종식과 평생을 눕지 않는 장좌불와 정진으로 유명하셨습니다. 철두철미한 수행과 무소유로 일관한 큰스님의 삶을 더 위대하게 만든 것은 부처님의 정통 법을 이었다는 점입니다. 그 사상적 위대성이 바로 염불선 수행입니다. 큰스님은 '부처님이 저 멀리 극락세계에 계신다는 마음을 갖고 즉 마음밖에 두고 하면 방편 염불이고 부처님은 우주법계에 두루 계시며 우리 마음 그대로가 부처라고 생각해야 참다운 염불이 된다'고 하셨습니다. 그러므로 염불은 '내가 바로 부처'임을 염念, 즉 드러내는 것이라는 뜻입니다.

공부하는 방법은 먼저 깨닫고(先悟), 뒤에 닦는(後修) 것입니다. 우선 그 이치를 알아야 합니다. 큰스님은 생전에 '참다운 중도中道를 깨닫기 위해서는 오랫동안 참선도 해야 하고 기도도 해서 우리 업장이 녹아야 되겠지만 그러기 전에 이론적으로 먼저 깨달아야 한다'고 하셨습니다. 이는 마치 길을 떠나기 전에 어디를 어떻게 가야 하는지를 미리 알고 가는 것과 같습니다. 육조혜능 이후 여러 갈래의 선으로 분화하기 이전, 오직 마음 하나 그대로 닦는 달마 스님에서 육조혜능 스님까지 시대를 순선시대라고 부른 큰스님은 '불교는 오로지 마음 편함과 안온함을 추구한다'고 말씀하시면서 그 최상의 방법이 염불선이라고 하셨습니다."

혜용 스님은 청화 스님을 회고하면서 과거의 일화를 하나 소개했다.

"제가 함평 용천사에 들어간 지 얼마 안 되었을 때 한국전쟁 당시 용천사와 인근에서 유명을 달리한 영가들을 달래기 위해 큰스님을 모시고 천도재를 봉행

했습니다. 그런데 천도재를 지내던 날 유독 비가 많이 왔습니다. 대중들이 50
여명 정도 밖에 모이지 않았습니다. 큰스님께서는 '이렇게 흐린 날에는 사람들
은 오기 힘들어도 영가들은 오기 좋은 날이며 사람이 많고 적음을 떠나 이런
천도재는 반드시 필요하다'고 말씀하셨습니다. 좋지 않은 상황을 큰스님께서
법문 한 말씀으로 넘기신 것입니다. 그때 큰스님의 법문 덕분이었는지 다음 해
에는 1000여 대중이 함께 큰스님을 모시고 천도재를 다시 올렸습니다. 그 때
저는 큰스님의 면목을 다시 확인했습니다."

스승의 삶과 가르침을 온전히 체화하고 싶어 하는 혜용 스님의 열정이 느껴졌
다. 스님은 이러한 스승의 가르침을 바탕으로 소임에 더욱 매진할 뜻을 내비
쳤다.

"노동문제 중심으로 활동해왔던 기존의 노동위원회가 사회노동위원회로 명칭
을 바꾸고 활동 영역을 노동, 여성, 빈곤, 인권 등으로 확대했습니다. 5명에 불
과하던 노동위원은 20명으로 확대되었고 이를 바탕으로 다양한 사회 활동을
펼칠 것입니다. 앞으로 3년의 임기동안 세월호 문제를 비롯해 비정규직, 성소
수자, 장애인 문제 등 사회 갈등의 현장에 직접 뛰어들어 해법을 모색하고 더
불어 사는 사회를 만들기 위한 적극적 실천 운동을 펼치겠습니다."

생불生佛로 추앙받았던 청화 스님의 제자 혜용 스님이 펼쳐갈 사회노동위 활동
에 기대를 걸 수밖에 없을 것 같다. 혜용 스님을 비롯한 종교인들과 수많은 시
민들이 아스팔트 위에서 오체투지를 하지 않는 날이 빨리 오기를 바라는 마음
간절하다.

"국적이 한국이든 네팔이든 우리는 모두 똑같은 부처님의 제자입니다. 양주와 같은 시골에서는 다
문화 가정을 쉽게 볼 수도 있습니다. 더 이상 외국인이 한국에서 사는 것이 낯선 풍경이 아닙니다.
이제는 절도 마찬가지입니다."

前 조계종 포교원장
지원 스님

불도佛道의
길에서 만난
외국인 제자들

이른 봄꽃에 세상이 활짝 피었다. 동서남북 어디로 가든 꽃이 가득하니 기분까지 상쾌해진다. 오랜만에 서울 북쪽으로 향했다. 봄 냄새가 가득하다.
한 시간이면 족한 길이, 상춘객들로 꽤 붐빈다. 그래도 콧노래를 부르며 신나게 달렸다.
양주 도리산에 위치한 육지장사. 일주문에 도착하니 3개의 표지석이 눈에 들어온다. '인성 교육 도량'과 속초 신흥사 조실 오현 스님의 시 '아득한 성자'.

그리고 육지장사를 일군 회주 지원 스님(前 조계종 포교원장)의 시 '만월'이다. '아득한 성자'부터 찬찬히 읽었다.

"하루라는 오늘 / 오늘이라는 이 하루에 / 뜨는 해도 다 보고 / 지는 해도 다 보았다고 / 더 이상 더 볼 것 없다고 / 알 까고 죽는 하루살이 떼 / 죽을 때가 지났는데도 / 나는 살아있지만 / 그 어느 날 그 하루도 / 산 것 같지 않고 보면 / 천년을 산다고 해도 / 성자는 / 아득한 하루살이 떼"

'만월'은 더 쉽고 재미있다.

"행여 이 산중에 / 당신이 / 올까 해서 / 석등에 불 밝히여 / 어둠을 / 쓸어 내고 / 막 돋은 / 보름달 하나 / 솔가지에 걸어 뒀오"

지원 스님의 '환영사'를 읽고 기분 좋게 일주문 안으로 발걸음을 옮겼다. 육지장사는 지옥도의 단타, 아귀도의 보주, 축생도의 보인, 수라도의 지지, 인간도의 제개장, 천상도의 일광 등 육지장 6만불을 조성한 사찰이다. 대웅전에도 석가모니 부처님과 육지장이 함께 모셔져 있다.

절터는 지원 스님이 지장보살을 현몽하고 잡았다고 한다. 대웅전과 선재당, 수선당이 함께 들어서 있으며 그 동안 건강, 명상, 요가 등 다양한 프로그램의 템플스테이를 실시해 매년 3000명이 넘는 사람들이 찾고 있는 경기도의 대표적인 마음공부 도량이기도 하다.

대웅전을 참배하고 나오니 설래(Pema Kunsang) 스님과 설하(Pema Kunga) 스님이 객을 맞아 준다. 두 스님은 모두 네팔 출신 수행자다. 잠깐 자리를 비운 지원 스님을 대신해 경내 곳곳을 안내해 주었다. 유창한 한국어에 생김새

육지장사 전경

지원 스님의 보물 설래, 설하 스님(맨 오른쪽)

스님의 물건

까지 비슷해 흡사 한국인 수행자 같았다.

두 스님과의 유쾌한 차담이 끝나고 다음날 서울 은평구에 위치한 삼보사를 다시 찾았다. '도심 속의 생활불교 실천도량'에 이른 아침부터 신도들이 하나 둘 모여든다. 잠시 후 지원 스님도 가사 장삼을 수하고 삼천불전에서 신도들과 자리를 함께 했다.

전날 만났던 설래, 설하 스님의 집전으로 '자비도량참법' 독송 기도가 시작됐다. 자비도량참법 독송 기도는 2016년부터 삼보사의 '메인 수행'이라고 한다. "(전략) 시방의 다함없는 삼보님께 귀의하오니 자비의 힘과 큰 지혜의 힘과 부사의한 힘과 무량한 자재력으로 육도의 모든 중생을 제도하시며, 육도의 모든 고통을 없애 주시고, 모든 중생들이 삼악도의 죄업을 끊게 하시어 다시는 오역죄와 십악업을 짓지 않고 삼악도에 떨어지지 않게 하시며, 오늘부터 괴로운 생활을 버리고 정토에 나게 하시며, 괴로운 생명을 버리고 지혜의 생명을 얻게 하시며, 괴로운 몸을 버리고 금강 같은 몸을 얻게 하시며, 악취의 괴로움을 버리고 열반의 낙을 얻게 하시며, 나쁜 세계의 괴로움을 생각하고 보리심을 발하게 하시어, 자비희사의 육도만행이 항상 앞에 나타나고 사무애변과 육신통이 여의자재하며, 용맹정진하여 십지행이 원만해져서 일체 중생을 제도하게 하소서. (후략)"

한 시간 동안의 독송 기도와 계속 이어진 한 시간 동안의 일요법회가 끝나고 대중들은 맛있는 점심공양을 함께 했다. 여느 사찰에서는 보기 힘든 가족 같은 분위기가 다소 이채롭다. 공양이 끝나고 지원 스님의 방문을 두드렸다. '스님의 물건 찾기'가 시작됐다. 마치 보물찾기처럼 말이다.

삼보사 전신 은평포교원의 포교신화

스님에게 먼저 가족 같은 사찰 분위기가 궁금하고 부럽다고 했다. 스님은 미소를 지으며 그 이유를 설명하기 시작했다. 답은 삼보사의 역사 속에 있었다. 삼보사는 1983년 '은평포교원'으로 출발했다. 스님의 포교 원력으로 마련된 15평짜리 '임대 법당'이었다.

은평포교원이 문을 열었을 때, 스님은 일반 신도들을 포교대상으로 설정하지 않았다. 어린이청소년 포교를 서원했다. 출발은 녹록지 않았다. 임대료를 낼 돈이 없어 겨울에는 스님이 직접 가정집을 돌아다니며 김을 팔기도 했다. 스님은 그래도 쉬지 않았다. 인근 초등학교를 돌아다니며 손으로 직접 쓴 '공부 잘하는 비법을 가르쳐 주겠다'는 내용의 전단지를 학생들에게 돌리기 시작했다. 전단지를 돌리는 순간은 '어색함' 그 자체였다. 전단지를 며칠 돌리자 3명의 학생들이 찾아왔다.

"학생들에게 공부 잘하는 비법을 알려준 것은 아니었고, 공부를 잘 할 수 있는 조건을 만들어 줬어요. 스님들이 강원에서 교육받는 것처럼 아이들에게도 똑같이 했습니다. 집중력을 높이기 위해 아이들과 함께 매일 108배를 했습니다. 그러자 반에서 30등 하던 아이가 10등을 하고, 10등을 하던 아이는 상위권으로 올라갔어요. 그렇게 아이들 성적이 올랐습니다. 소문이 나기 시작해 1984~1985년도에는 100명의 아이들이 좁은 법당에 모이게 됐습니다."
스님은 그 후 15평짜리 법당에서 50평짜리로 장소를 옮겼다. 아이들이 신나게 절에 다니자 부모님들이 관심을 갖는 것은 당연했다. 그렇게 삼보사는 은평의 포교 중심 도량이 되었고 훗날 육지장사를 창건할 수 있는 토대가 되었다.

스님의 물건

삼보사 전경

삼보사에서 정진 중인 대중들

스님의 물건

"삼보사가 안정적으로 운영되면서 1993년에는 100여 명의 어머니합창단과 30명의 관현악단을 구성해 3년 동안 공연을 다녔습니다. '한라에서 백두까지'라는 이름의 공연이었는데 이를 통해서 엄청 많은 사람들을 만났고 또 이 문화 포교를 통해서 사람들에게 적지 않은 감동을 줬다고 자평합니다."

스님은 몇 년 전부터 어린이 청소년보다 더 아래인 유아포교에 매진하고 있다. 어린이 교육연령이 점점 낮아지고 있는 현실에 발맞춘 것이다. 매주 일요일이면 삼보사는 이제 막 걸음마를 시작한 아이부터 어린이, 청소년, 대학생, 청년, 중장년, 노년층 등 모든 세대가 함께 어우러지는 공간이 되고 있다. 가족 전체가 삼보사에 나오는 가구도 적지 않다. 그래서 삼보사의 일상은 가족들의 그것과 다르지 않았던 것이다. 지원 스님은 "포교는 모든 사람에게 발심發心의 계기와 동기를 부여해 주는 것"이라며 '법성게'의 한 구절을 들려주었다.

雨寶益生滿虛空　　衆生隨器得利益
우 보 익 생 만 허 공　　중 생 수 기 득 이 익

보배롭고 이익 되는 비가 허공에 꽉 차 생하지만
중생들은 그 그릇 크기에 따라 이익을 얻게 되리라.

"어린 시절 제가 살던 동네에 탁발을 왔던 스님에게서 받은 글귀입니다. 나중에 출가해 알고 보니 '법성게'에 나오는 말씀이었습니다. 저는 이 가르침을 통해서 스님이 되었으니, 참 복 받은 사람입니다. 위 말씀처럼 세상에 내리는 비만큼이나 부처님 법은 모든 중생에게 평등합니다. 그러나 사람 각자의 공부나 정진에 따라 부처님 가르침을 알고 실천하는 수준이 다릅니다.

그래서 포교가 중요합니다. 세상 그 무엇과도 바꿀 수 없는 진리인 부처님 법을 많은 사람들이 알고 공부해서 대자유를 얻도록 하는 것이 우리들의 의무이자 책임입니다."

몇 년 전 지원 스님이 포교원장으로 추대됐다고 했을 때, 사실 좀 낯설었다. 이제야 지원 스님이 조계종의 최중요 직책을 맡은 이유를 알게 되었다.

삼보사를 창건하면서 정리한 '삼보 6법장'에 지원 스님의 포교 원력願力이 이미 고스란히 담겨 있었다.

1. 우리의 본 생명은 영원하고 자유롭고 평등하다.

2. 인간의 마음은 모든 것의 근본이며, 전능한 우주의 주인임을 확신한다.

3. 현세에서 인격완성을 구현하는 정신혁명의 길을 밝혀, 모든 사람에게 영구히 잘사는 원리를 깨닫게 한다.

4. 만법의 핵심이자 삶의 원동력인 본래의 자기를 되찾는 생명개발운동이 세계평화의 알찬 기반이며, 우리의 새 역사 창조의 모체임을 깨닫는다.

5. 이상과 창의를 지닌 우리는 지성의 예지와 자비의 덕행으로 오늘을 가꾸고 내일을 기르는데 힘을 모아 인격체로서의 삶을 구현한다.

6. 오직 끊임없는 정진과 성실한 실천만이 삶의 태양이며, 새 희망의 원천이 됨을 자각하고, 길이 빛나도록 주체적 가치를 간직하고, 힘찬 번영을 앞세우며, 혁신적 긍지를 굳게 하여 광명된 새 세계를 이룩하는 보살이 되자.

지원 스님은 "포교는 기다리는 것이 아니라 직접 찾아가는 것이며, 상대방에게 감동과 환희를 전해줘야만 가능한 일이라며 그러기 위해서는 시대의 변화를 앞서는 포교 전략이 필요하다."고 강조했다. 스님은 포교원장 재직 시 SNS를

스님의 물건

활용한 포교방법을 개발하는 등 항상 시대에 부응한 포교전략을 실천해왔다. 스님은 "나이가 들어도 포교할 때 가장 마음이 설렌다."며 "하면 할수록 매력 있는 것이 포교다. 가려운 부분을 긁어줄 수 있는 포교를 하고 싶다."고 말했다.

세계일화世界一花를 피우다

인터뷰가 무르익을 무렵, 스님은 상좌인 설래, 설하 스님을 찾았다. '스님의 물건'은 바로 두 외국인 스님이었던 것이다. 아니, 두 스님은 지원 스님의 '보물'이었다.

지원 스님이 네팔스님들을 상좌로 두게 된 것은 우연이었다. 평소 알고 지내던 신도가 지원 스님에게 설래 스님을 맡아 달라고 부탁을 해왔다. 2007년 7월 설래 스님을 초청한 사찰의 주지스님이 바뀌는 바람에 스님의 입장이 난처해졌다. 이를 알게 된 그 신도가 지원 스님에게 '긴급 구호 요청'을 했다. 지원 스님은 흔쾌히 설래 스님을 맞아 주었다.

"국적이 한국이든 네팔이든 우리는 모두 똑같은 부처님의 제자입니다. 양주와 같은 시골에서는 다문화 가정을 쉽게 볼 수 있습니다. 더 이상 외국인이 한국에서 사는 것이 낯선 풍경이 아닙니다. 이제는 절도 마찬가지입니다. 사정이 어렵다고 해 설래 스님을 데리고 와 공부를 시키기로 했습니다."

설래 스님은 수행은 물론 공부도 열심히 했다. 지원 스님은 이런 설래 스님이 너무 예뻐 보였다. 그러던 어느 날 설래 스님이 은사스님에게 청을 했다. "네팔에 있던 절에서 같이 공부하던 스님들을 한국에 데려오고 싶습니다." 지원 스님은 설래 스님을 믿고 도반을 초청하는 것을 허락했다. 그래서 2008년 9월 설하 스님도 한국에 왔다.

지원 스님은 외국인 제자들에게 법명을 주면서 '눈 설雪'자를 돌림자로 했다. 히말라야가 있는 네팔이 눈의 나라이기 때문이다. 설래雪來는 '눈의 나라에서 왔다'는 의미의 법명이며 설하雪河 스님 역시 마찬가지다.

설래, 설하 스님은 네팔의 '우르기엔 동악 초일링 사원(Urgyen Dongak Choiling Monastery)'에서 출가해 공부했다. 설래 스님은 11살, 설하 스님은 7살에 출가해 네팔 불교의 비구계까지 받았다. 한국에서는 '초보'지만 네팔에

육지장사 법당에서 예를 올리는 스님들

스님의 물건

서는 승랍이 벌써 20년이 넘는 중진 스님인 것이다.

설래 스님은 동국대 불교학과 4학년이다. 한국에서는 아직 '사미' 스님이다. 스님은 비구계를 받고 대학원에 진학해 더 공부를 하고 싶다고 한다. "아비달마와 중관에 관심이 많습니다. 일단 석사과정을 이수하고, 박사과정을 공부할 지는 아직 정하지 못했습니다."

설래 스님은 아직도 한국만의 '관계 문화'가 어렵다고 한다. "네팔 사원에 있을 때는 자기 공부, 자기 수행만 열심히 하면 됐습니다. 그런데 한국에서는 정진은 물론 '관계'도 잘해야 합니다. 스님들 간의 관계는 물론 신도님들과의 관계도 소홀히 할 수 없어요. 이 부분은 지금도 힘듭니다. 하하."

설하 스님은 육지장사 템플스테이 지도법사를 맡고 있다. 네팔어와 한국어는 물론 영어에도 능해 국내·외 템플스테이 참가자들을 능수능란하게 지도한다. 설하 스님은 설래 스님이 비구계를 받으면 '정식 코스'를 밟아 한국에서 계를 받을 예정이다. 한국에 대해서는 "굿 피플, 굿 컨트리, 굿 불교, 올 굿"이라며 웃는다. 불교 이야기를 꺼내자 진지한 표정으로 "네팔, 인도, 티벳, 한국 모두 다 대승불교인데 차이들이 있는 것 같아요. 그 차이에 대해 자세하게 공부하고 싶습니다."라며 원력을 다진다. 스님은 "제 꿈은 오직 좋은 스님이 되는 거예요, 이를 위해 열심히 공부할 것입니다."라며 포부를 밝혔다.

지원 스님은 "모국에서 비구계까지 받은 스님들에 대해서는 조계종단 차원에서 좀 더 배려해 한국에서 공부할 수 있도록 하는 것이 필요하다."며 아쉬움을 드러냈다. 외국인 스님들이 조계종에서 공부를 하려면 행자과정부터 다시 해야 하기 때문이다. 귀종 절차를 거치는 것도 쉬운 일이 아니다.

지원 스님의 제자들에 대한 애정은 각별했다. "둘 다 요령 피우지 않고 공부를 열심히 합니다. 교학敎學이든 참선參禪이든 본인들이 원하는 것에 대해서는 전폭적으로 지원해 줄 계획입니다. 나중에 국제적인 불교 지도자가 되어 세상을 밝히는 일을 한다면, 이보다 좋은 일이 어디 있겠습니까."

부처님 나라에서 온 네팔스님들은 이렇게 한국인 은사스님의 울타리 안에서 무럭무럭 자라나고 있었다. 삼보사와 육지장사에 세계일화世界一花가 만발하고 있다.

지원 스님은 지난해 말 동국대에서 박사학위를 받았다. 칠순의 나이에 박사에 도전했던 것이다. 논문주제는 '용성선사 역해 금강경 연구'. 3·1운동 당시 민족대표 33인 중 한 분으로 경전 한글화에 진력했던 용성 스님의 『금강경』을 고찰했다. 논문에서 스님은 용성 스님이 한글로 번역한 각 번역본의 구조와 이들 번역이 지닌 특성을 조명했다. 지원 스님은 "용성 스님은 수차례에 걸친 한글 번역을 통한 책을 발간해 대장경의 한글번역에 모범을 보여주었다."며 "기존 해석과 다른 구조를 통해 경전이 담고 있는 다양한 내용 파악에 크게 기여했다."고 평가했다. 지원 스님은 특히 용성 스님의 한글 번역은 이후 전개되는 운허 스님의 『금강경』 번역에 큰 자극을 주었을 뿐 아니라 새로운 경전 이해의 방향을 제시했다는 점에서도 의의가 크다는 점을 밝혔다.

지원 스님은 도심포교를 시작하면서부터 항상 혁신을 꿈꾸고 실천했다. 가장 최근의 박사학위도 끊임없는 혁신의 결과물일지 모른다. 그래서인지 포교의 새로운 지평을 열고 일불제자로서 외국인 상좌들을 거두는 모습이 낯설지 않다. 칠순을 넘긴 스님의 발걸음은 오늘도 가볍기만 하다.

스님의 물건

"참다운 불교는 참선^{參禪}에 있습니다. 참선을 통해 삶을 바꿀 수 있습니다. 그것이 참된 불교입니다. 그렇게 되면 참된 불성^{佛性}을 볼 수 있습니다. 이곳 참불선원에서 참선과 명상을 통해 참된 불성을 찾아 참다운 불교를 실천하려 합니다."

서울 참불선원장
각산 스님

수행여정에서
등불이 되었던
부처님들

예상이 빗나갈 때가 있다. 예상보다 부족하면 실망이지만, 넘치면 만족이다. 그러면 기분도 좋아진다.

짐작은 했다. 그런데 그 짐작 이상이었다. 먼저 이름에 대한 짐작. '참불'. '참된 불교' 정도를 생각했다. 스님이 웃는다.

"참다운 불교는 참선參禪에 있습니다. 모든 교리는 수행 속에서 나왔어요. 참선 을 통해 삶을 바꿀 수 있습니다. 그것이 참된 불교입니다. 그렇게 되면 참된 불

각산 스님   205

성佛性을 볼 수 있습니다. '참불'의 의미를 군이 따진다면, '참다운 불교', '참선 불교', '참된 불성' 등으로 생각할 수 있을 것 같습니다. 이곳 참불선원에서 참선과 명상을 통해 참된 불성을 찾아 참다운 불교를 실천하려 합니다. 하하."

상상 이상이다. 많은 뜻을 내포하고 있었다. 빗나간 것은 선원 명칭뿐만이 아니었다. 서울, 그것도 강남 한복판에 있는 신생 선원의 규모가 결코 작지 않았다. 200명 이상을 수용할 수 있는 법당과 종무소 등은 어느 포교당 못지않았다. 그렇다고 규모 자체가 크다는 것은 아니다. 그래도 '강소強小' 포교당의 향기가 짙게 배어 나온다.

인터뷰가 시작되기 전부터 괜한 기대감이 생긴다. 사실 '기대감'은 지난 2월 말에 열린 세계명상대전 때부터 생기긴 했지만, 막상 '베이스 캠프'에서 스님과 마주 앉으니 또 다른 느낌이다.

서울 참불선원장 각산 스님과의 인터뷰는 그렇게 시작됐다.

법法이 있으면 논두렁에도 사람들이 모인다

세계명상대전 얘기부터 하지 않을 수 없었다. 각산 스님은 지난 2월 25일 ~ 28일 강원도 정선에서 1500여 사부대중이 참여한 가운데 '세계명상대전'을 개최했다. 이 자리에는 한국을 대표한 혜국 스님을 비롯해 태국과 호주, 대만의 대표적 선지식善知識들이 직접 참석해 대중들의 수행 갈증을 풀어줬다.

세계명상대전은 선지식들의 면면에서 이미 대중들을 압도했다. 한 분씩 모시기도 힘든 스승들을 한꺼번에 네 분이나 초대한 것이다. 네 명의 스승들의 이름이 알려지기 시작하면서 한국불교계는 술렁이기 시작했다.

세계명상대전 모습

각산 스님

혜국 스님은 충주 석종사 선원장으로서 후학들을 제접하고 있는 한국불교의
대표적인 선승으로 일평생 간화선 수행을 했다. 젊은날 난행 고행을 하며 성
철, 일타, 구산 스님 등을 모시고 생사를 넘나드는 정진을 계속했으며, 지금도
석종사를 비롯한 많은 선원에서 출·재가 수행자들을 지도하고 있다.

아잔 간하 스님은 태국에서 아라한이자 '루앙 포 아이'(최고의 스님)로 추앙받
고 있다. 스님은 태국불교의 등불인 아잔 차 스님의 직계 제자로 50년 가까이
밀림 속에서만 수행했다. 9m가 넘는 코브라의 공격을 받자 코브라의 머리를
쓰다듬어 순종하게 만들었다는 등 전설적 수행일화가 전한다.

아잔 브람 스님은 영국 캠브리지대에서 물리학을 전공한 뒤 아잔 차의 제자가
됐다. 특히 스님은 쉬운 언어로 서양인들에게 불교를 전파하고 있다. 스님의
법문은 매년 수백만 명이 유튜브를 통해 찾아 볼 정도. 호주 보디냐나 선원
을 이끌면서 동시에 세계 곳곳을 누비며 부처님 가르침을 전하고 있는 세계적
명상스승이다.

심도 스님은 대만 영취산불교 교단의 선원장. 신도만 50만 명에 이른다. '불법
은 하나다'라며 북방의 간화선과 남방의 위빠사나를 함께 지도하는 등 통합
불교운동을 펼치고 있다. 스님이 매년 직접 주관하는 수륙재^{水陸齋}에는 수만 명
의 불자들이 동참한다고 한다.

"이번에 모신 분들은 저에게 직·간접적으로 수행을 지도해주셨던 분들입니다.
제가 한국에만 있었다면 초청하지 못했을 것입니다. 오랜 기간 세계적인 스승

님들을 찾아다니면서 친견한 인연의 공덕이 큰 힘이 되지 않았나 생각합니다."
스님은 어떻게 세계명상대전을 기획했을까?

"제가 세계적 스승들에게 지도 받고 수행해 온 정통 초기불교의 명상과 함께
세계의 명상 흐름이 어떤지 소개해드려야 한다고 생각했어요. 그래서 2013년
과 2014년 아잔 브람 스님을 초청해 동국대와 백담사 만해마을에서 세계명상
힐링 캠프를 2회 개최했었습니다. 해마다 참가자가 늘어 만해마을의 경우는
300명을 예상했는데 500명이 넘는 사람들이 찾아 왔어요. 명상에 대한 관심
이 그만큼 높다는 것이었죠. 수행은 스승 없이는 깨치지 못합니다. 그래서 좀
더 다양한 스승을 만날 수 있는 기회를 마련하고 싶었어요.

스님이 세계명상대전
행사에 대해 설명하고 있다.

또 하나, 불교는 수행을 통해서 많은 사람을 변화하게 만듭니다. 수행불교가 활성화될 때 한국불교가 발전하고 우리 국민의 정신건강 안정에 실질적 도움이 되지 않을까 하는 마음이 간절했습니다. 특히 한국불교만이 지닌 고준한 역사성을 전승해온 간화선과 초기불교 수행을 잘 조화시키면 '정신 한류'를 일으킬 수 있다고 생각했습니다.

그래서 세계적 명망을 지진 남방과 북방의 스승들을 한 자리에 모셔서 직접 실참도 하고 수행의 궁금증을 풀 수 있는 법석도 마련해보고자 세계명상대전을 준비했습니다."

현장의 반응은 폭발적이었다. 대중들은 선지식들에게 직접 물었고, 또 답을 찾았다. 3박 4일이 '찰나'처럼 지나갔다.

"지난해 메르스로 한 번 연기가 됐음에도 기대 이상의 많은 대중들이 오셨습니다. 부처님의 가피가 있었다고 생각합니다.

모든 참석자에게 수행의 맛을 알 수 있게 해줬다는 것이 가장 큰 보람입니다. 수천 명이 함께 참여해서 간화선과 명상 스승님들의 토론을 보고 수행 전반을 알 수 있게 했다는 점과 향후 불교가 나아갈 방향을 제시했다는 것에도 만족합니다. 법法이 있는 곳이라면 그곳이 설령 논두렁 밭두렁 일지라도 대중들은 모입니다. 세계명상대전을 통해 그것을 다시 확인했습니다."

스님은 앞으로도 불교 수행 전반을 같이 공부하고 함께 실천하는 다양한 전법 프로그램을 인연 따라 준비하고 있다고 밝혔다.

이야기를 나누면서 스님의 원력願力은 이미 출가 때부터 세워져 있던 것임을 알 수 있었다. 이야기를 출가 인연으로 돌렸다.

스님의 물건

바랑 하나 들고 세계 일주

"속가 친구 중에 먼저 출가해 스님이 된 도반이 있었습니다. 그 친구가 20년 전에 저에게 인연을 만들어 줬습니다. 하하."

친한 친구가 출가하자 스님은 그 '친구스님'을 만나기 위해 자주 산중을 다녔다. 그러다 산중에 있던 한 노스님을 만나면서 마음이 열렸다.

"전남 장성에 『법화경』 대가였던 묘련도상 스님이 계셨습니다. 친구스님의 안내로 그 스님을 친견할 기회가 많았습니다. 그 큰스님께 몇 가지 질문을 드리다 마음의 변화가 있었습니다.

'자네는 무엇 때문에 사는가?'

'부모님께 효도하면서 이 사회에 기여하고자 삽니다.'

'무엇을 통해 사회에 기여하려 하는가?'

'정치일 수도 있고 봉사일 수도 있다고 생각합니다.'

'아상我相에 빠져 있구나.'

'아상이 무엇입니까?'

'자기를 내세우는 것이다.'

이렇게 대화를 하다 갑자기 충격이 왔어요. 마음이 확 바뀌는 그런 느낌이었습니다. 그 동안의 제 삶이 '과시'를 위한 것이라는 생각이 들었습니다. 목적 지향점이 사라졌습니다. 불현듯 세상에서의 존재 이유가 허망해지더군요. 그럼 나는 무엇인가? 참된 나의 본래면목이 알고 싶어졌습니다. 신기하게도 저절로 발길이 산문으로 들어서게 되었습니다."

1996년 입산한 스님은 오로지 『법화경』 만을 일념으로 기도하며 천태학을 공부하다가 1998년 해인사로 갔다. 묘련 스님이 해인사로 가 수행할 것을 당부했기 때문이다. 거기서 스님은 해인사 고승 보광성주 스님을 만났다.

스님은 해인사 행자실에서 '조실'격인 1번 행자였다. 1번 행자는 해인사 행자실에 걸려 있던 지월 스님의 글씨 '하심下心'을 보며 마음을 다 잡았다. 성철 스님의 가르침 중 '시체처럼 살라'는 말씀도 가슴에 되새겼다. 그렇게 수많은 대중들 속에서 낮에는 일하고 밤에는 정진하며 살다가 보광 스님의 상좌가 되었다.

"은사이신 보광 큰스님께서는 모든 것을 행行으로 보여주셨습니다. 한 점 흐트러짐 없는 올곧은 선승이십니다. 저에게는 정말 남다르게 제일 존경심이 우러나는 스승님입니다.

보광 큰스님께서는 진정한 포교는 자기 안에서부터 이루어져야 한다고 하셨습니다. 자기 수행을 철저히 해야 한다는 것이죠. 큰스님께서는 특히 선교禪教를 함께 닦으라고 하셨습니다. 그래서 저는 자연스럽게 해인사 승가대학을 마치고 바로 선방에 다니기 시작했습니다."

각산 스님은 송광사, 범어사, 통도사, 불국사 등의 선원에서 정진했다. 신심信心이 나는 생활이었다. 그러다 부처님 당시의 초기불교 수행에 대한 궁금증이 일었다. 의문은 풀어야 했기 때문에 곧바로 짐을 쌌다.

2003년 미얀마로 가 수행 센터에 방부를 들였다. 마하시 명상 수도원을 비롯한 몇 군데 수행 센터를 거쳐 파욱 사야도를 모시고 밀림 속에서 공부를 계속했다. 수행이 어느 정도의 경지에 올라왔다고 했지만, 스님은 만족하지 못했다. 2012년 스리랑카 나우야나 수행 센터로 정진하러 갔다가 아잔 브람에 대한 얘기를 들었다. 그래서 스님은 다시 그가 있는 호주의 숲속으로 방향을 바꿨다. 얼마간의 정진 후 다시 태국 본토의 명상스승과 티벳불교의 현장까지 탐방하며 수행점검을 하다 보니 10년이 훌쩍 지나버렸다.

"일부 미얀마 선원에서는 선정禪定없이도 깨달음이 가능하다고 했습니다. 그러나 파욱 사야도는 선정을 강조했습니다. 아잔 브람과 태국의 스승들 역시 선정과 지혜를 함께 닦아야 한다고 하시더군요. 해보니 선정 없이는 지혜도 없다는 것을 알았습니다. 선정과 지혜를 함께 닦는 정혜쌍수定慧雙修가 중요하다는 것을 느꼈습니다. 십 몇 년 간의 구도 여정은 저의 수행관을 명확히 할 수 있는 시간이었다고 생각합니다."

그러면서 스님은 명상과 수행 등에 대한 설명을 덧붙였다.

"명상은 믿음이나 논리가 아닙니다. 명상은 실제 삶에 변화와 이익을 제공하는 과학이요, 생명의 본질입니다. 정통명상은 생사윤회를 종식시키는 불사不死의 문입니다.

명상은 어떤 주력이나 기도보다 월등히 센 힘을 가지고 있습니다. 참회기도로도 물론 일부분의 업력이 소멸되겠지만, 업력의 완전한 소멸은 견성見性을 통해서만 가능합니다. 명상만이 인생을 완전한 행복으로 이끕니다.

명상은 모든 고뇌와 번뇌로부터 자유로워지고 행복을 추구하는 것입니다. 명상은 자유를 체험하게 하는 수행으로, 우리의 마음이 가장 진귀한 보석임을 깨닫게 합니다. 범부의 마음을 영원한 대자유의 해탈자로 전환해줍니다. 이것이 불교만이 제시하고 있는 열반입니다."

스님은 이어 "수행 없이는 깨침이 없고 깨달음 외에는 달리 성자가 되는 길이 없다." 강조했다.

각산 스님은 간화선에 대해서도 구체적으로 설명했다.

"간화선은 부처님 정통수행법인 사념처 수행을 발전시킨 한국불교의 전통 수행법입니다. 대표적인 화두인 '이뭣고'는 어느 전통의 위빠사나 보다 더 깊은 통찰명상입니다. 간화선에서의 '이뭣고'는 전혀 뜻밖인 선문답적인 말에 평소 자기가 공부한 모든 지견을 내려놓게 하여 저절로 '왜?', '어째서?'라는 마음의 근원을 찾는 강력한 몰입의 물음만 남게 되는 정혜쌍수의 아주 수승한 수행의 도구입니다.

그래서 간화선 화두 수행은 부처님의 고대경전을 근거로 하는 위빠사나 명상 보다 더 깊은 심법 수행으로 지관쌍수의 수행법이라고 할 수 있습니다.

간화선은 최상승법이기 때문에 불교적 소양이 부족하다고 생각된다면 명상을 통해서 간화선으로 갈 수 도 있습니다. 간화선은 인생에 대한 궁구함을 갖는 사람에게 최고의 수행법이 될 것입니다."

스님은 일상 속에서의 수행을 강조했다. 그래야 흔들림이 없다고 전했다.

"참선은 일상생활과 함께 있어야 합니다. 일상 속에 참선이 있어야 수행이며 선의 정신입니다. 일상에 깨어 있으십시오. 일상을 놓치면 공부가 어렵습니다. 일상에 선*이 없으면 일하는 중에도 여러 경계에 휘둘리게 됩니다. 선의 기본 정신은 마음 내려놓기입니다. 기왕에 할 일이라면 기분 좋게 하세요. 존재하는 한, 일은 피할 수 없습니다.

최소한 하루 5분이라도 깨어 있으십시오. 자기가 무엇을 하는지 알면 살아 있는 것이요, 모르면 죽은 것임을 명심하고 일상생활 속에서 항상 마음을 챙기며 평소를 놓치지 않는 것이 진정한 수행입니다."

"우리 모두 부처님을 모시자"

인터뷰 내내 각산 스님의 수행과 전법에 대한 열정은 식을 줄 몰랐다. 스님의 열정을 실천으로 풀어내고 있는 참불선원의 현황이 궁금해졌다.

"줄곧 산에만 있다가 2013년 아잔 브람 스님을 초청하여 세계명상힐링캠프를 주최한 계기로 이제는 저잣거리로 나서보라는 주변의 권유가 많이 있었습니다. 오로지 정진에만 전념할 수 있는 수행공동체를 만드는 것이 제 서원이었기 때문에 한 번 해보자고 마음을 냈습니다. 준비를 제대로 하지 못한 상황에서 참불선원을 열었습니다. 서울 참불선원 개원 한 달 뒤 부산에도 참불선원이 마련되었습니다."

"갑작스럽게 포교에 뛰어들었다."고 했지만 세계명상대전을 성공적으로 회향한 스님답게 참불선원은 안정적으로 운영되고 있었다.

매주 목요일에는 명상입문반 수업이 진행된다. 보통 6주 과정 코스다. 기본 과정을 마치면 '통합수행'이 계속된다. 호흡 관찰 수행으로 시작해 3개월에서 6개월 뒤에는 간화선으로 전환된다. 기본이 갖춰지기 시작하면 매주 금요일 참선법회에 동참할 수 있다. 간단한 예불과 법문, 문답, 실참으로 이어진다. 오전 예불시간에 시작해 오후 4시정도까지 계속된다. 보통 100여명의 불자들이 동참한다고 한다.

정기적인 프로그램 중간 중간에는 3개월에 한 번씩 집중수행을 한다. 전통사찰에서 3박 4일간 정진한다. 이렇게 참불선원 불자들은 단계를 밟아가며 '참불자'가 되는 것이다.

"현대인들은 수행에 대한 목마름이 있습니다. 노력에 따라 인생 자체를 바꿀 수 있는 것이 불교수행이기 때문에 비불자들도 관심을 많이 가지고 있다고 생

각산 스님의 부처님들

스님의 물건

각합니다. 서양의 다른 종교들은 사양길이지만 참선과 명상만큼은 붐을 일으키고 있지 않습니까?"

스님은 참불선원 운영이 어렵지 않느냐는 질문에 웃음으로 답했다.

"운영이 어렵다고 생각한 적은 한 번도 없어요. 수행자는 포교와 법문, 지도를 열심히 하고 운영은 신도들이 알아서 합니다.

참불선원은 살아 있는 수행불교를 지향합니다. 참선을 통해 우리 삶을 변화시키고 사람들에게 행복을 주는 곳이 되기를 바랍니다."

스님은 지난 5월 2일부터 6개월 과정으로 '불교인문학 대강좌'를 열고 있다. 한국불교를 대표하는 출·재가 강사들이 총출동하고 있다. 상반기와 하반기로 나눠 각각 3개월씩 총 24강좌가 진행되고 있는 이번 강의는 매주 월요일 오후 2시 참불선원에서 열린다.

각산 스님은 "강좌를 통해 불교의 지성문화를 선보여 불자들의 신행 생활에 인문학적 소양을 곁들이도록 할 방침"이라고 밝혔다.

스님은 현재 진행 중인 사업 외에도 먼 미래를 내다보는 계획들을 하나 둘 잡아가고 있다. 먼저 참불선원에 정통 초기불교와 대승불교를 함께 공부할 수 있는 세계불교 통합대학을 개설할 예정이다. 한국불교의 대표적 선사들을 초청해 '선승 백고좌 법회'도 개최하고자 한다.

"조만간 세계석학명상포럼도 진행할 것입니다. 세계명상대전은 선지식의 깨침 법문과 수행지도의 실참 프로그램이었다면 세계석학명상포럼은 실제적으로 의학과 심리학으로 육체와 정신치료를 접목시키고 있는 세계명상계의 선구자들이 명상에 대한 구체적 이론과 과학적 탐구를 제시하는 심포지엄입니다. 궁극적으로는 국민 누구나가 무료로 명상에 전념하며 이용할 수 있는 세계명상센터 건립을 저의 원력으로 삼고 있습니다. 프랑스 떼제 공동체 같은 경우 수

많은 젊은이들이 와서 기독교 정신을 배우고 있습니다. 젊은 사람들이 훌륭하게 성장하면 나라의 운명도 밝아질 것입니다. 그런 지성인들을 배출하는 철학과 명상이 있는 수행공동체를 꿈꾸고 있습니다. 현재 부지의 50%는 확보하였고 수행자마을에 동참한 분이 50여명입니다."

인터뷰는 생기발랄했다. 또 진지했다. 스님의 말씀을 정리하며 '물건'을 보여 달라고 했다.

"부처님 불상입니다. 첫 번째는 인도 부처님인데, 제가 평생 동안 모시고 다닌 원불입니다. 두 번째는 제 수행이 나태해지려고 하면 찾아보게 되는 부처님 고행상입니다. 세 번째는 참불선원에서 각 가정에 모시려고 하는 부처님입니다. 어느 부처님이든지 점안 의식 후 모시게 되면 가정에 평화와 행복이 가득하게 됩니다. 또 불자들은 부처님에 의지해 수행을 할 수 있게 됩니다. 이 부처님들이 저의 물건입니다. 하하."

스님의 수행과 전법 원력은 평소 모셔 두었던 부처님 불상들로부터 시작되었던 것인가? 그리 긴 시간은 아니었지만 인터뷰 내내 각산 스님의 원력을 충분히 확인할 수 있었다. 시간이 흘러 먼 훗날 참불선원이 한국불교에서 어떤 존재가 되어 있을지 정말로 궁금해진다.

"절을 하다 보니 환희심으로 하루를 시작합니다. 절을 하면서 모든 것에 감사하는 마음을 갖게 되고 또 건강은 덤으로 얻는 가장 큰 선물입니다. 특히나 사업을 하다보면 우여곡절이 많은데, 어려움을 극복하는데 절이 큰 도움이 됐습니다."

불교인재원 이사장
엄상호

평생 절을
할 수 있게 해 준
불단佛壇

벌써 몇 년 전이다. 상, 중, 하 3권으로 구성된 개정증보판 『백일법문』이 나왔을 때였다. 그해 동안거에는 이 개정증보판 『백일법문』을 교재로 한 재가불자들의 공부모임이 열렸었다.

산중은 아니지만 동안거를 맞아 서울 도심 한복판에서도 뜻 깊은 공부모임이 시작됐다. 바로 백련불교문화재단(이사장 원택 스님)과 불교인재원(이사장

엄상호)이 함께 『백일법문』 강좌를 연 것이다.

저녁이 되면서 칼바람을 뚫고 불자들이 하나, 둘 모여들었다. 강좌에 동참하는 사람들의 열기로 강의실은 이미 뜨거웠다. 성철 스님이 '백일법문'을 설한지 47년 만에 '완성된 형태의 책'을 세상에 내놓은 원택 스님은 "제가 출가하기 5년 전인 1967년 동안거 백일동안 성철 큰스님께서 사자후를 하셨고, 산문에 들어선 지 40여 년이 지나 어느덧 고희를 맞는 해에 개정증보판 『백일법문』을 세상에 내어놓게 되니 감회가 특별합니다. 앞으로 개정증보판 『백일법문』이 더욱 많은 분들에게 진리를 알려주는 '마르지 않는 법문'이 되고, 무명을 밝혀 깨달음으로 인도하는 '꺼지지 않는 횃불'이 되기를 간절히 바랍니다."고 전했다.

불교인재원 엄상호^(자봉·慈峯) 이사장님의 인사는 구체적이었다.

"제가 부처님의 가르침을 수십 년째 공부해오고 있지만, 이 『백일법문』을 읽고 눈이 번쩍 떠졌습니다. 이번 기회에 공부를 잘 하신다면 여러분들 스스로에게 큰 도움이 될 것입니다. 특히 성철 큰스님께서 수차례 강조하고 있는 중도^{中道}를 알 수 있는 좋은 자리가 되리라 생각합니다."

엄 이사장님은 자신의 경험을 근거로 불자들에게 당부의 말을 전했다.

불교인재원은 최근에도 양질의 공부모임을 개최했다. 올해로 설립 10주년을 맞는 불교인재원은 재가불자들의 공부와 정진을 돕기 위해 지난해 9월부터 1년 여간 1차 인도와 티벳 및 남방불교, 2차 중국 불교, 3차 한국 불교, 4차 한국 현대불교에 이르는 기획 강좌를 진행해 불자들의 호응과 관심을 이끌어 냈다.

강좌를 듣기 위해 불교인재원 사무실에 나온 엄상호 이사장님과 잠깐의 시간을 함께 했다.

인재양성, 멀고도 어려운 길

엄 이사장님은 초대 허경만 이사장(前 국회부의장)에 이어 2009년 7월부터 불교인재원 소임을 맡고 있다. 두 번째 임기까지 6년을 마치고 벌써 세 번째 임기를 수행하고 있다.

불교인재원은 그간 여러 프로그램을 진행해 대중들의 호응을 이끌어내고 있다. 조계종 원로의원 고우 스님과 前 조계종 교육원장 무비 스님, 충주 석종사 금봉선원장 혜국 스님 등 선지식을 초청해『육조단경』,『신심명』,『화엄경』등을 공부했고, 또 수차례에 걸쳐 간화선 프로그램을 운영했다. 이와 함께 명상교실, 주말 참선법회 등도 계속했다. 그리고 2012년부터 2년 동안 '성철 스님 수행처 순례단'을 조직해 순례를 성황리에 마치기도 했다.

엄 이사장님은 이미 오래 전에 불교인재원과의 인연이 만들어졌다고 한다.

"2008년 중앙신도회 고문으로 있을 때 제가 경영했던 건영그룹의 계열사 경리부에서 근무했다는 한 중년신사가 찾아왔습니다. 선친의 원력으로 설치해 둔 불전함을 관리하다가 선친이 치매로 편찮으시자 그 불전함에 손을 대고 10여 년간 괴로워했다고 해요. 그러다 전남 해남에 계시던 자신의 어머님을 찾아뵙고 불전에 손을 댄 것을 고백하였고, 이에 어머니는 그 사람을 데리고 대흥사로 가서 밤샘 참회기도를 했답니다. 기도를 하던 중 새벽에 부처님께서 '돈을 주인에게 돌려주라'는 말씀을 하셨다고 해요. 그래서 그 사람이 저를 찾아 왔습니다. 저는 그 분이 위대하게 보였습니다. 그 신사를 참회의 길로 이끈 어머니 역시 훌륭한 분이라고 생각합니다."

'뜻하지 않은' 돈이 생겨 어디에 쓸 지를 고민하던 엄 이사장님은 중앙신도회에 그 돈을 기금으로 전달했다. 엄 이사장님이 내놓은 돈은 나중에 알고 보니 불교인재원 설립의 '종잣돈'이 됐다.

"그 인연 때문이었는지 제2대 불교인재원 이사장 제의를 받고 거절할 수가 없어서 지금까지 지내오고 있습니다. 하하."

엄 이사장님은 인재불사와 함께 불교와 현대과학을 접목시켜 일반대중들에게 이를 널리 알리는 일도 하고 싶다는 뜻을 전했다.

"현대과학이 발전하기 전에는 불교가 일반인들에게는 미신 취급을 받았던 것이 사실입니다. 부처님의 가르침을 과학으로 입증하기 어려웠기 때문입니다. 그런데 과학문명이 발달하면서 알고 보니 불교만큼 과학적인 종교가 없습니다. 성철 큰스님께서도 '백일법문' 등을 통해 여러 실례實例를 말씀하셨듯이 불교는 그 자체가 과학입니다. 그래서 기회가 된다면 불교와 현대과학, 천체물리학을 연계하여 대중들이 쉽게 부처님의 가르침을 접하고 공부할 수 있도록 해볼 생각입니다."

인재양성과 미래불교를 말하는 엄 이사장님의 표정은 진지했다. 애정도 묻어났다. 엄 이사장님의 이런 마음은 불교를 만나는 순간 이미 시작됐다.

'모태 불자'의 '특별한' 체험, 그리고 불단佛壇

"조부님과 선친께서 경북 의성 대곡사와 인연이 되어 대대로 불자로 살아오셨습니다. 저도 불교를 믿어왔으나 처음에는 그리 마음에 와 닿지 않아 천주교에 관심이 있다고 말씀드렸더니 선친께서는 저의 태몽을 얘기해 주셨습니다. 제가 태어나기 전에 태몽을 꾸셨는데 커다란 해가 집 마당에 떠있었다고 합니다. 막대기로 해를 따려고 하자 가운데 '中'자가 나타났습니다. 선친께서는 그 '中'자가 중도中道를 상징한 것이라고 늘 말씀하시면서 불교를 떠나면 안 된다고 하셨습니다. 제 집사람도 저와 인연이 되려고 했던지, 달이 장인어른의 무릎에 앉는 태몽을 가지고 있습니다. 해와 달이 만난 셈이죠. 하하.

기이한 것은 대구 동화사 통일대불 불사 때도 있었습니다. 사실 통일대불 불사에도 미력이나마 힘을 보탠 뒤였습니다. 당시 대구신도회 고문이던 박찬 전 국회의원이 '통일대불 불사를 마무리하면서 33관음상을 조성하는데 마지막 남은 것이 일광보살과 월광보살이다'고 알려왔습니다. 그 얘기를 들으니 꼭 저와 집사람과 인연이 있다고 생각했습니다. 그래서 일광보살상에는 저의 선친을 비롯한 가족들 그리고 월광보살상에는 장인어른을 비롯한 처가의 가족 이름을 새겨 넣었습니다. 정말 말 그대로 '인연'이었어요."

40대 중반 대기업을 운영하던 엄 이사장님은 마음 깊숙이 고민이 있었다. 죽음이 두려워서 어릴 때부터 절에 다니며 불심을 키웠지만 죽으면 끝이라는 생각이 항상 마음을 떠나지 않았다. 사랑하는 가족과도 끝이라는 생각이 들었다. 불교에서 말하는 윤회와 환생도 믿음이 가지 않았다.

"언젠가는 지구도 멸망하면 그나마 나의 존재가 없어진다고 생각하니 너무 허무했어요. 그런데 어느 날 새벽 그런 마음이 사라지는 순간이 왔어요." 그날 새벽도 명상에 빠져 있었다. 멀리 깜깜한 동쪽 하늘에서 태양 같은 불덩어리가 기운차게 그를 향해 날아왔다. 그 불덩어리는 그의 가슴을 세차게 치고 사라졌다. "그 순간 깨달았어요. 지구가 멸망하더라도 우주 안에 영원히 존재한다고. 그래서 내 존재도 영원할 수 있다고……." 엄 이사장님은 그 후부터 더욱 철저한 수행을 하였다. 자연스럽게 전국에 있는 당대의 여러 선지식들을 친견하는 기회도 가질 수 있었다.

"통도사에 계셨던 월하 큰스님, 석주 큰스님, 해인사 원당암의 혜암 큰스님, 前 덕숭총림 수덕사 방장 원담 큰스님, 조계사 회주셨던 무진장 큰스님, 前 총무원장 녹원 큰스님 등께 좋은 법문을 많이 들었습니다. 또 범어사에 계시는 능가 큰스님과 원로의원 암도 큰스님, 고우 큰스님께도 가르침을 받았습니다. 능가 큰스님과는 몇 시간 동안 불교에 대한 문답을 주고받은 적도 있습니다. 큰스님께서는 '와세다대학 동창인 이병철 회장과는 아무리 많이 대화를 해도 30분이면 끝나는데, 엄 회장은 그렇지 않네?'라고 말씀하신 적도 있습니다. 하하."

엄 이사장님은 과거 건영그룹을 경영할 당시 군불교 진흥회장을 맡아 군포교에 적극 나서기도 했다. 또 불교방송(BBS) 창설에도 참여했다. 특히 선친과 통도사 월하 스님의 깊은 인연으로 정우 스님과 인연이 이어져 통도사 서울포교당인 구룡사 창건에 힘을 보탰다. 더불어 수도권 신도시 건설 당시 500세대 이상 1,000세대에 이르는 아파트 단지마다 유치원과 포교당을 건립하는 등 불교의 도심포교에도 적지 않은 역할을 해냈다.

엄 이사장님은 이러한 불사 못지않게 수행에도 철저했다. 외적인 것뿐만 아니라 '내적인 불사'도 병행한 것이다.

"1986년 1월부터 매일 333배를 하기 시작했습니다. 매월 일만 배를 목표로 30년 넘게 수행해 오고 있습니다. 몸을 청결히 하고 새벽 4시부터 50분정도 절을

엄 이사장님이 매일 예를 올리는 불단

합니다. 절을 마치고 다시 샤워를 하면 약 1시간 정도 걸립니다. 이렇게 해서 한 달에 1만 배를 채웁니다.

절을 하다 보니 환희심으로 하루를 시작합니다. 절을 하면서 모든 것에 감사하는 마음을 갖게 되고 또 건강은 덤으로 얻는 가장 큰 선물입니다. 특히나 사업을 하다보면 우여곡절이 많은데, 어려움을 극복하는데 절이 큰 도움이 됐습니다."

언젠가 엄 이사장님의 초대로 자택을 방문한 적이 있다. 그때 호기심이 발동했다. 엄 이사장님이 매일 절을 하는 '공간'을 확인해 보고 싶었다. 조심스럽게 말을 꺼내니 엄 이사장님은 흔쾌히 '공간'을 개방(?)했다. 아파트 베란다를 불단으로 조성해 부처님을 모시고 부모님 사진도 올렸다. 초를 켜고 향 공양도 올릴 수 있는, 여느 사찰의 그것 못지않았다. 이곳에서 엄 이사장님은 평생 동안 정진하고 또 정진해 오고 있는 것이었다. 엄 이사장은 "이 곳이 나에게는 가장 중요한 공간이자 물건"이라며 웃었다.

엄 이사장님은 절을 마치면 아침 7시 30분에 회사로 출근해 오전에는 업무를 보고 오후에는 서예와 사군자를 공부한다. 벌써 10년이 넘었다. 또 한일협력위원회 상임이사, 중도육영재단 이사장, 영월엄씨 대종회장, 불교방송(BBS) 이사와 통일대박정책연구원 이사장 등 주요 소임을 맡아 왕성한 활동을 펼치고 있다.

삼천배를 하고도 성철 스님을 못 만난 사연

사실 엄 이사장님이 절을 시작한 것은 성철 스님과의 인연에서 비롯됐다고 해

신년하례 후 해인사에서의 기념촬영
성철 스님 왼쪽 옆으로 박완일 회장님과 엄상호 이사장님 모습

엄상호

2012년 3월 31일 산청 겁외사에서 열린 성철 스님 수행처 순례단 발대식 모습

스님의 물건

도 과언이 아니다.

1983년 조계종 전국신도회(현 중앙신도회의 전신) 부회장을 맡고 있던 엄 이사장님은 당시 녹원 총무원장스님을 비롯한 종단 주요 소임스님과 신도회 임원단과 함께 종정 신년하례에 참석하기 위해 해인사로 갔다. 대중들과 함께 성철 스님에게 인사를 드렸다. 듣던 대로 스님은 '눈이 이글거리는 가야산 호랑이 같은 모습'이었다. 고상한 법어를 기대했지만 성철 스님은 대중들을 찬찬히 보더니 대뜸 "중들이 배가 나오면 안 된다."고 했다.
수행보다 다른 일에 관심을 두는 풍토를 질책한 것이다.
말석이었지만 성철 스님을 친견한 자체가 큰 인연이었다. 그런데 가슴 한편에 뭔가 모를 죄송한 마음이 느껴졌다.
"일반 불자들은 삼천배를 해야 큰스님을 친견할 수 있는데 저는 삼천배도 하지 않고 만났습니다. 그것이 마음에 걸려서 얼마 후에 대구와 부산지역에 근무하는 저희 회사 불자 임원 8명과 함께 백련암으로 갔습니다. 저녁부터 밤을 새워 삼천배를 했습니다. 당당하게 큰스님을 뵈려고 하였으나 시자스님이 '큰스님께서 갑자기 몸이 편찮으셔서 새벽에 급히 대구에 있는 병원에 가셨다'고 했습니다. 물론 아쉬웠죠. 그래도 마음의 짐은 덜 수 있었습니다."
그리고 몇 년이 지나 신도회 회장단과 함께 다시 해인사 신년하례에 참석했다. 엄 이사장님의 이런 사정을 알고 있던 당시 박완일 전국신도회장이 성철 스님에게 백련암에서의 일을 말씀드렸다. '허허~' 웃던 성철 스님은 "그러면 내가 미안하니 사진이라도 찍자."라며 함께 사진을 찍었다.
"그렇게 하여 큰스님과의 사진을 간직하게 되었습니다. 유일한 사진이다 보니 저에게는 무엇보다 소중한 것입니다. 하하. 그 뒤 큰스님께서 부산에 오시면 저희 계열사 임원들을 통해서 가끔 모시는 인연도 갖게 되었습니다."

엄상호   231

성철 스님을 만나고 엄 이사장님은 본격적으로 절을 하기 시작했다. 삼천배, 1080배, 108배 등 때와 장소에 맞게 절을 했다.

시간이 흘러 성철 스님 열반 후 인연이 다시 찾아 왔다. 성철 스님 탄생 100주년을 맞아 수행처 순례를 하게 된 것이다. 엄 이사장님은 순례단을 구성하고 또 순례를 진행했다.

"제가 후회하는 것 중의 하나가 기업경영이 잘 될 때 불교를 위해 무언가를 하지 못한 것입니다. '나중에 크게 하자'는 생각에 일을 미루기만 하다가 기회를 놓쳐 버렸어요. 큰스님 수행처 순례를 하면서 대작불사를 하지 못한 것이 마음 아팠습니다. 그나마 그때 불교에 대한 미안함을 조금 갚은 것 같습니다. 제가 가 본 큰스님 수행처 모든 곳이 기억에 남습니다. 그래도 기억에 남는 곳을 말한다면 파계사 성전암입니다. 팔공산 중턱에 있어 한참을 올라가야 했습니다. 60여 년 전에 큰스님께서 철조망을 두르고 10여 년간 동구불출洞口不出하셨다는 생각에 가슴이 먹먹했습니다. 누구도 하지 못하는 그와 같은 수행을 하셨기에 1967년 동안거에 '백일법문'을 하시고 그 외 수많은 법문과 법어를 통해서 대중들에게 주옥같은 가르침을 주실 수 있었다고 생각합니다."

엄 이사장님은 순례 도중 성철 스님으로부터 '통일기도를 하라'는 무언의 뜻을 받고 지금까지 통일을 기원하는 기도도 함께 해오고 있다.

"은해사 운부암을 순례하기 전날 큰스님께서 제 꿈에 나타나셨습니다. 저를 보시더니 '이제부터는 남북의 통일을 위해 기도해라. 우리 민족이 잘 살 수 있는 길은 통일뿐이다'고 하셨습니다. 얼떨결에 큰스님께 '열심히 하겠다'고 대답했습니다. 지금은 남북 관계가 다소 매끄럽지 못하지만 통일기도를 하면서 대중들과 함께 할 계획을 가지고 있습니다. 지금도 이와 관련한 준비를 열심히 하고 있습니다. 하하."

절과 함께 경전 보는 일을 게을리 하지 않는 엄상호 이사장님

엄 이사장님은 이렇게 통일에 관심을 갖게 되었고, 이것이 인연이 되었는지『통일은 대박이다』는 책을 우연히 읽고 저자 신창민 박사를 만나 우의를 나누게 됐다. 그 과정에서 신 박사가 서울대 법대 재학 중에 불교학생회장으로 청담 스님을 모시고 조계사에서 법회도 많이 하였다고 하여 더욱 인연임을 느꼈다고 한다. 그러다 25년 전에 설립했다는 '한우리통일연구원'의 이름도 법정 스

님이 지어주셨고 새로이 명칭을 바꾼 '통일대박정책연구원' 이사장을 맡으라는 제안까지 받았다. 성철 스님을 생각하면 거절할 수 없어 수락하고『통일은 대박이다』책까지 열심히 보급하고 있다.

최근에는 (재)엄홍길휴먼재단과 조선일보의 (재)통일나눔재단, (사)통일대박정책연구원이 마음을 모아 매월 넷째 주 토요일 휴전선 155마일을 상징하여 서울근교를 비롯한 남북의 명산 155곳을 찾아 '엄홍길과 함께하는 평화통일 기원 산행'을 통일이 되는 그 날까지 이어갈 것이라고 엄 이사장님은 포부를 밝혔다. 벌써 도봉산 망월사 포대능선에서의 1차 행사에 이어 2차는 도선사 입구 소나무 숲 둘레길과 보광사와 애국지사묘역 둘레길을 거쳐 국립 4.19민주묘지에서 민주화를 위해 산화한 영령들을 참배하는 등 뜻있는 행사를 진행했다.

엄 이사장님은 '불교인재양성'이 중요하다고 다시 강조했다.

"성철 큰스님은 해인총림 방장과 조계종 종정을 하시면서 승가대학을 세워 인재 양성을 하고자 노력하셨으나 그 뜻이 제대로 이루어지지 못했다고 들었습니다.

불교가 세상에 도움이 되는 가르침을 널리 전하려면 무엇보다 인재양성이 되어야 합니다. 장학사업이나 선원, 승가대학이 다 인재 양성을 하는 곳이지만 저는 재가불자들이 불교를 바르게 공부해서 가정과 사회에 기여하는 그런 인재양성을 해야 한다고 봅니다."

엄 이사장님은 긴 시간의 인터뷰를 무리 없이 소화했다. 매일 333배를 하는 덕분인지 몇 십 년 된 모임에 나가도 주위 사람들로부터 항상 그대로인 것 같다는 말을 듣는 엄 이사장님을 보면서 나이는 정말 숫자에 불과하다는 생각을 해본다.

산이 높고 힘찬 것을 보통 '외외하다'고 한다. 교수님은 성철 스님에게 '외외'라는 수식어를 붙여서 설명하고 있는 것이다. 학자로서 볼 때도 성철 스님은 여느 학자 못지않은 식견을 갖추고 있었다고 교수님은 말한다.

금강대학교 명예교수
권탄준

『화엄경』,
성철 스님이 준
평생의 연구 과제

한국경제의 대 위기였던 1990년대 말, 국민들의 가슴에 그나마 위안을 주었던 스포츠 선수들이 있었다. 미국 프로야구 메이저리그와 프로골프투어 LPGA에서 활약했던 박찬호 선수와 박세리 선수가 그들이다. 우연인지 두 선수는 모두 신심 있는 불자(佛子)이기도 하다.

20여년이 지난 지금, 두 선수를 보고 꿈을 키워 온 '꼬마'들이 이제는 제2의 박찬호, 제2의 박세리가 되어 미국과 세계무대를 종횡무진 누비고 있다. 사람들은 이들을 '박찬호 키즈(Kids)', '박세리 키즈(Kids)'라고 부르며 한결같은 마음으로 응원하고 있다.

온 세상이 꽃 천지인 4월, 차를 남쪽으로 달렸다. 또 다른 '키드(Kid)'를 만나기 위해서다. 계룡산 자락에 위치한 금강대학교는 산과 나무와 꽃과 사람이 어우러져 하나의 화엄세계를 이루고 있었다. 특히나 캠퍼스를 누비고 있는 꽃다운 청춘들의 모습을 보니 무언가 모를 생동감이 느껴진다.

학교에 도착하니 머리가 하얀 노^老 교수님어 마중을 나왔다. 바로 금강대에서 불교학 연구를 진두지휘하고 있는 권탄준(東약-또 우(又)자 세개) 교수님이다. 교수님이 앞서 말한 그 키드다. 누구의 키드일까?

교수님은 얼마 전까지만 해도 눈 코 뜰 새 없이 바빴다. 금강대 대학원장, 불교문화연구소장, 불교학과장 등을 역임했다. 2015년 여름 정년퇴임을 하고 나서야 조금은 여유롭게 지내고 있다고 한다. 그래도 한국불교학회회장으로서 여전히 동분서주하고 있다.

"불교는 불교인들만의 종교가 아닙니다. 불교학도 불교 학자들만의 학문이 아닙니다. 특히나 불교학은 관념적인 철학이 아닙니다. 불교가 철학화 되면 쇠퇴할 수밖에 없습니다. 우리는 그것을 부파불교 시대에 명확히 보았습니다. 그 시대 불교지도자와 연구자들은 대중들을 외면한 채 말장난만 해댔습니다. 그래서 중요한 것이 실천적 학문으로서의 불교학을 바로 세우는 것이라 생각합니다. 불교학을 인간의 삶 속에서 깨달음을 열어가는 학문으로 만들어 보고 싶습니다. 퇴임을 했지만 이제부터가 시작이라는 마음으로 살고 있습니다. 하하."

권 교수님은 불교의 사회적 실천과 참여를 강조했다. 교수님은 그러면서 성철 스님과의 인연을 자연스럽게 꺼냈다. 성철 스님과의 만남은 운명 그 자체였다.

촉망받던 축구 유망주가 불교 꿈나무로…

"전통적인 유교 집안에서 태어났습니다. 집안 분위기는 유교였지만 사실 어머니께서는 각화사 동암에서의 기도 끝에 저를 낳으셨습니다.

어렸을 때부터 경상도 사나이로 컸습니다. 그러다 축구를 시작해 중학교 때는 주장을 맡아 여러 차례 팀을 우승으로 이끌기도 했어요. 당시 축구명문 고등학교에서 저를 스카우트했는데 마지막에 일이 꼬이는 바람에 잘 안됐습니다. 결국 저도 다른 친구들과 같이 고등학교 입시를 치렀습니다. 사촌이 서울 경복고에 다니고 있어서 저도 그 학교에 지원했는데 당연히 떨어졌습니다. 수업도 거의 안 듣고 운동만 했으니 붙을 리가 없죠. 하하.

대입도 아닌 고입 재수를 하고 있을 때 할머니가 돌아가셨습니다. 울산 석남사 선원에 계신 법희 스님이 속가 고모할머니인데, 스님께서 성철 큰스님이 김룡사에 계시다며 거기서 할머니 49재를 지내자고 했습니다. 그래서 저도 김룡사에 재를 지내러 가서 큰스님을 친견하게 됐습니다."

김룡사에서 시자스님의 안내로 성철 스님을 만났다. 시자스님이 권 교수님을 소개하자 "고등학교 입학시험도 떨어진 못난 놈이 무슨 49재고? 너는 제사에도 참석하지 말고 앞으로 일주일간 매일 삼천배부터 하라."고 성철 스님은 불호령을 내렸다.

"파계사 성전암에서 10년간의 동구불출閉口不出을 하고 오셔서 인지 큰스님께서는 꽤 마르신 몸이었습니다. 눈에서는 불이 뿜어져 나오는 듯 했어요. 큰스님

봉화 각화사 행자 시절 대중들과 함께 한 모습. 뒷줄 오른쪽 끝이 교수님이다.

　　　　　　　　　　　　　　　　　　스님의 물건

과 눈을 마주치는 순간 압도당했지요."

큰스님의 말씀을 듣고 절을 하기 시작했다. '고등학교 입학시험도 떨어졌는데, 거기다 절까지 하라니…'는 서운한 생각이 들지 않은 것은 아니지만, 새벽 3시에 일어나 아침공양 전까지 1000배, 아침을 먹고 점심때까지 1000배, 오후에는 사찰 청소 등의 일을 하고 저녁 공양을 한 뒤 다시 1000배를 하는 일정이었다. 그런데 첫날 삼천배를 해보니 도저히 더 할 수 없겠다는 생각을 했다. 김룡사 전체가 어둠에 잠겨 있었지만 교수님은 용기를 내 성철 스님이 머물고 있는 방으로 갔다. 희미한 불빛이 살아 움직였다.

"큰스님! 큰스님! 큰스님!"

몇 번을 불러도 대답이 없었다. 그래서 손가락에 침을 발라 문을 뚫어 방 안을 보았다. 성철 스님은 미동도 없이 참선을 하고 있었다. 교수님은 문을 열고 방으로 진격했다.

"무슨 일이고?" "더 이상 절 못하겠습니다. 이대로 계속하면 저는 죽을 것 같습니다." "안 죽는다 이놈아! 다 해라." "못합니다." "니 얼굴을 보아하니 이대로 집에 가면 얼마 못살고 죽는다. 삼천배 하고 살래? 그냥 가서 죽을래?"

절을 시키기 위한 성철 스님의 방책이었다. 도인이라고 하면 호랑이를 타고 다니고 축지법을 하며 또 세상의 어떤 일도 모르는 것이 없다고 들은 바가 있는 터라 자신이 얼마 못 살고 죽는다고 하는 도인스님의 말씀에 잔뜩 겁을 먹은 교수님은 마지못해 "하겠습니다."라고 대답을 하고 말았다. 그러자 성철 스님은 "부처님에게 지성으로 절을 하면 사는 수가 있다. 니가 죽을 것 같다고 자꾸 엄살을 피우는데 살라고 하는 절인데 죽기는 왜 죽나? 설사 네 말대로 절하다가 죽는다고 치자. 부처님에게 절을 하다가 죽으면 극락이라도 가지. 그러니 피를 토하고 죽더라도 법당에서 절하다가 죽어라."고 당부했다.

다음 날 새벽부터의 절은 새로운 차원의 절이었다. 이제부터는 죽고 사는 것이 달린 절이었기 때문에, 소원은 자연스럽게 '부처님, 살려 주십시오.'가 되어버렸다. 또 절이 정성스럽지 않으면 못 살지도 모르기 때문에 한 배 한 배 마다 온 정성을 기울여서 살기 위한 절을 올렸다.

삼천배 마지막 날에는 밤새 1만 배의 절을 했다. 김룡사에서 성철 스님이 내준 마지막 숙제였다. 교수님의 머릿속에는 '이러다 정말 죽겠구나.'는 생각이 몇 번씩 스쳐갔다. 그래도 교수님은 죽지 않고 절을 마쳤다. 새벽에 절을 하면서 부처님이 미소를 지으며 전신에서 형형색색의 무수한 광채를 뿜어내는 이른바 방광하는 모습도 경험하였다.

절을 모두 마치고나서 인사를 드리러 가니, 성철 스님은 교수님이 평생토록 가슴에 새기게 된 말씀을 했다.

"사람들이 흔히 '죽도록 해보았지만 안 되더라'는 말을 하는데, 그런 말을 하는 사람들은 실제로는 죽도록 해보지 않은 사람이다. 왜냐하면, 사람이 목숨을 떼어놓고 죽도록 하면, 공부든 사업이든 도 닦는 일이든 어떠한 일도 이루지 못하는 일이 없기 때문이다."

그렇게 김룡사에서 일주일 기도를 마치고 나니 마음속에서 공부에 대한 간절한 염원이 솟구쳐 올랐다.

"기본 지식이 전혀 없었는데도 공부를 시작하니까 책에 있는 내용들이 그냥 내 머릿속으로 들어오는 것 같았어요. 한 번 책상에 앉으면 며칠씩 공부를 할 정도의 힘도 생겼습니다. 삼천배를 하면서 엄청난 집중력이 생긴 것 같아요. 코피를 쏟으면서도 공부를 계속하니까 어머니는 제가 안하던 짓 한다면서도 흡족해 하셨습니다. 그렇게 몇 달을 공부해서 결국 경복고에 합격했습니다."

스님의 물건

그런데 문제는 그 다음부터였다. 고등학교에 입학했으나 수업은 재미가 없고 불교에만 관심이 갔다. 불교에 꽂힌 것이다. 그래서 수업시간에도 경전經典만 보게 되었다. 어렸을 때 한문 교육을 받은 터라 수월하게 경전을 볼 수 있었다. 결국 출가하기로 마음을 먹었다.

"학교에 다니다 백련암에 가서 큰스님께 출가하겠다고 말씀드리면 대학 졸업하고 군대 제대하고 오라고만 하셨어요. 결국 큰스님 뜻에 따라 학교를 다니기는 했습니다만 재미가 없었습니다."

머리도 스님들처럼 삭발을 했다. 결국 고3때는 의무출석일수만 채우고 절로 갔다. 처음에는 괴산에 있는 각연사에서 생활을 하다 집 근처인 봉화 각화사로 옮겼다. 여기서 1년 6개월간 행자생활을 했다. 그리고 선방 수좌 휴암 스님을 만났다.

"큰스님께서 정해 주신 학문의 길, 『화엄경』 연찬"

휴암 스님은 박학다식했다. 정진도 열심히 했다. 자연스럽게 휴암 스님에게 이 것저것 물었다. 스님은 교수님에게 한신대나 동국대에 가서 공부를 더 하라고 조언했다.

"휴암 스님은 제가 어차피 평생 불교 공부를 할 것이니 대학에서는 기독교를 공부하는 것도 좋다고 하셨습니다. 또 그때 한신대에는 훌륭한 교수님들이 많이 계시기도 했고요. 고민이 돼 성철 큰스님께 여쭈었더니 '우리에게는 평생을 공부해도 다 못 보는 팔만대장경이 있는데 무슨 기독교 공부냐? 동국대 불교학과로 가라.'고 하셨어요. 그래서 1972년도에 늦깎이로 동국대에 갔습니

교수님이 평생의 연구주제인 화엄경을 살펴보고 있다.

스님의 물건

다.

동국대에 입학해서는 큰스님께 무슨 공부를 하면 좋을 지를 여쭈었어요. 큰스님께서는 '교教를 하려면 화엄華嚴을 하라'고 하셨습니다. 그렇게 해서 제 평생의 연구 주제가 『화엄경』이 되었습니다."

교수님은 『화엄경』의 여래출현사상 연구'로 동국대에서 박사학위를 받고 그 후에도 '해동화엄의 실천적 전개', 『화엄경』「십회향품」의 삼종회향', 『화엄경』 계율의 현대적 조명', 『화엄경』의 수행도 체계 연구' 등 여러 편의 논문을 발표했다. 지금도 교수님은 『화엄경』 연구에 진력하고 있다. 『화엄경』이 교수님의 '물건'이었던 것이다.

"부처님께서 당신의 깨달음을 있는 그대로 펼쳐 보인 것이 바로 『화엄경』입니다. 부처님 깨달음의 세계를 설해서 이해하기 어렵다는 사람들도 있지만 읽으면 누구나 공감할 수 있는 부분들이 너무 많습니다. 저도 군대를 제대하고 한 달간 『화엄경』을 읽었는데 다 보고 나니 힘이 생겼습니다. '보현행원품'만 봐도 화엄사상의 본질을 알 수 있습니다. 시간이 걸리더라도 천천히 읽어보기를 권합니다."

이렇게 공부를 하는 사이 성철 스님을 친견하는 횟수도 점차 줄어들었다. 그리고 지금의 사모님을 만나면서 성철 스님과 약속했던 출가도 거둬들일 수밖에 없었다.

"결혼을 앞두고 큰스님을 찾아 뵀는데, 큰스님께서는 아무 말씀이 없으셨습니다. 한참 뒤에 '니 장가가나? 장가가면 뭐가 좋을 줄 아나?'라고 하셨습니다. 제 마음을 정확히 꿰뚫어 보시고 계셨습니다. 죄송한 마음에 저는 아무 말씀도 못 드렸습니다. 그리고 결혼 후 집사람과 삼천배를 하고 큰스님을 친견하려 했지만 결국 또 못 만났습니다. 그렇게 세월이 야속하게 흘러버렸습니다.

나중에 집사람이 해인사 보현암에서 7일간 매일 삼천배를 하고 혜춘 스님과 백련암에 가서 큰스님을 친견했습니다. 집사람이 큰스님께 '정말 죄송합니다. 잘 살겠습니다'고 말씀드리니까 큰스님께서는 '속가에 살더라도 중같이 살라'고 하셨답니다."

그래서인지 교수님과 사모님은 자녀를 낳지 않고 같이 정진하며 살고 있다고 한다. 삶이 다소 느슨해지면 부부가 함께 삼천배를 하고 기도를 하고 참선을 한다.

대아大我의 삶을 위하여

교수님은 성철 스님에 대해 '대장부', '사나이'라는 표현을 여러 차례 썼다.

"솔직히 큰스님께서는 자애로웠던 것 같지는 않아요. 하하. 그래도 큰스님을 뵐 때마다 '세상에 어떻게 저런 분이 계실까? 금생의 노력만으로 저렇게 대大 도인이 될 수 있을까?'하는 생각을 했습니다. 아마도 큰스님께서는 과거 전생부터 엄청난 수행을 하셨을 것이라고 여겨집니다.

큰스님의 모든 것이 추상같았습니다. 경상도식으로 말하자면 사나이 중의 사나이이고 또 당당한 모습이 마치 대장부 중의 대장부입니다. 산으로 치면 외외巍巍하다고 하겠습니다."

산이 높고 힘찬 것을 보통 '외외하다'고 한다. 교수님은 성철 스님에게 '외외'라는 수식어를 붙여서 설명하고 있는 것이다. 학자로서 볼 때도 성철 스님은 여느 학자 못지않은 식견을 갖추고 있었다고 교수님은 말한다.

"큰스님의 말씀을 듣다보면 수행력뿐만 아니라 해박한 지식에 대해서도 감탄을 금할 수 없을 때가 많이 있었습니다. 어떤 경전이나 학자들의 저서에 대해 말씀드려보면 내용뿐만 아니라 대중들이 오해하고 있는 부분에 대한 설명은 물론 좀 더 보완했으면 하는 내용들까지 정확하게 말씀하십니다.

잘 알려져 있듯이 큰스님께서는 일본어 불교서적을 섭렵하셨습니다. 그 책들에 대해서도 하나하나 평을 해주셨던 기억입니다. 큰스님께서는 일본어 책 중에서 『정법안장』을 꼭 보라고 하셨던 기억도 납니다."

권 교수님은 성철 스님이 핵심적으로 강조했던 가르침을 '자기를 바로 봅시다'와 '소아小我가 아닌 대아大我의 삶을 살자'는 것이라고 말했다. 또 삼천배의 의미에 대해서도 차근차근 설명했다.

"큰스님께서 말씀하신 삼천배에 대해 오해하는 사람들이 많이 있습니다. 사실 저는 삼천배를 하면 부처님께서 저에게 무엇인가를 해주시는 것으로 생각했습니다. 그런데 그게 아니었습니다. 절을 함으로써 자기를 낮추게 되고 정진하는 힘을 얻을 수 있습니다. 큰스님께서도 대중들에게 이 부분을 기대하셨으리라 생각합니다.

예전에 백련암에는 문밖에서 고래고래 소리를 지르면서 큰스님 욕을 하고 가는 사람들이 더러 있었습니다. 저도 여러 번 들었습니다. '도인 값을 해라', '만나주지도 않으면서 네가 무슨 도인이냐?' 이런 말들이 가끔 들렸어요. 하루는 큰스님께서 저에게 그러십니다. '나보고 절을 하라 하나 부처님 보고 하라 하지. 사람은 정신이 근본이지만 자신의 육신을 이기는 것도 참 중요하다. 자기 몸을 이기지 못하면 수행을 못한다.' 이 말씀을 듣고 몸을 조복시키는 수련의 차원에서 삼천배가 엄청 중요한 의미를 가지고 있다는 생각을 하게 됐습니다."

교수님은 대중들이 봤으면 하는 성철 스님의 법어집으로『자기를 바로 봅시다』를 추천하기도 했다. 쉽게 정리돼 대중들이 어렵지 않게 글을 볼 수 있기 때문이다. 그러면서 선지식善知識이 부재한 한국불교의 현실에 대해서도 쓴소리를 마다하지 않았다.

"큰스님이 계실 때는 그래도 우리 한국불교가 안정이 되었고 수행중심의 가풍을 정말로 귀하고 값지게 생각했습니다. 스님들 대부분이 청정한 승풍을 유지해야 한다는 공감대를 형성하고 있었어요. 일반인들 역시 불교는 수행을 최우선으로 하는 종교라는 생각을 했었죠. 제가 자주 찾았던 각화사만 해도 스님들이 잠을 자지 않고 공부를 했습니다.

그런데 큰스님을 비롯해 여러 선지식들이 열반에 드신 이후로는 이런 불교계 안팎의 기대들이 차츰 무너졌고 지금에 와서는 범계犯戒나 승풍실추 사건에 대해서도 아무렇지 않게 생각하는 것 같습니다. 정말로 가슴이 아픕니다."

권 교수님은 "성철 큰스님이 우리 세상에 함께 있었다는 것이 그저 기쁘고 감사한 일"이라고 밝혔다. 그러면서 평생의 스승을 제대로 모시지 못한 것에 대한 아쉬움도 나타냈다.

"결혼 직후에 큰스님을 친견한 후 뵙지를 못했어요. 그런데 열반 전날 큰스님께서 제 꿈에 나타나셨습니다. 하늘에 엄청 커다란 모습으로 나타난 큰스님께서 제게 미소를 보여 주셨습니다. 아무 말씀도 없이 말입니다. 조금 이상하다 싶었는데 다음날 오후에 큰스님께서 열반하셨다는 소식이 들렸습니다. 너무 죄송했습니다."

교수님은 열반 소식을 듣고 해인사로 달려가 성철 스님의 법구가 모셔진 퇴설

당까지 올라가서 마지막 인사를 드렸다. 재가자들의 출입은 금지됐었지만, 교수님을 알아 본 문도스님들의 배려가 있었기에 가능했다고 한다.

권 교수님은 큰스님과 했던 출가 약속을 지키지 못해 아직도 죄송한 마음 뿐이라면서도 학자로서의 마지막 열정을 불사르고 싶다는 뜻을 전했다.

"『화엄경』을 더 깊이 연구해서 일반인들이 깨달음의 삶을 사회 속에서 펼치며 살아가는 법을 알게 해주고 싶습니다. 그것이 결국 큰스님의 은혜를 조금이라도 갚는 길이 아닐까 싶네요."

권탄준 교수님의 강의 모습

스님의 물건

"성철 큰스님을 친견하면 꼭 여쭈었어요. 깨치면 어떠냐고요. 그러면 큰스님께서는 '눈 감고 자도 환하다'고 하십니다. 그러면서 저에게 보라고 한 책이『신심명』과『증도가』입니다. 두 책은 깨달음을 간결하게 노래하고 있습니다. 그래서 큰스님께서 보라고 하셨던 것 같습니다. 여기에 더해 '십현시', '순치황제 출가시', '법성게', '납자십게', '나옹스님토굴가', '수도팔게', '공부인의 5계', '예불대참회문', '대불정능엄신주', '발원문', '전경' 등을 추가해 책을 하나 만들었습니다. 책은 나름대로 만들었지만 아직도 환한 세상을 못 봐 성철 큰스님께 죄송할 따름입니다. 하하."

부산 옥천사 주지
백졸 스님

아직 얻지 못한
깨달음,
책으로 엮어내다

얼굴을 보면 사람을 알 수 있다고 한다. 관상觀相과는 다른 그 무엇이 얼굴에 있음을 느낄 때가 가끔 있다. '아름다운 인생은 얼굴에 남는다'는 말이 아니어도, 세월이 흐르면서 이 말에 더 동의하게 된다.

절도 마찬가지다. 절의 얼굴이라 할 수 있는 일주문一柱門을 보면 가풍家風이나 사격寺格을 가늠할 수 있게 된다.

부산 옥천사를 찾았다. 옥천사의 활동을 알 수 있는 색색의 현수막이 먼저 눈에 들어온다. 매주 화요일 점심에 진행하는 지역 어르신 무료 사찰음식 대중 공양, 2007년 7월부터 진행해 온 능엄주 108독 철야정진, 매주 화요일부터 토요일까지 진행하는 컴퓨터 및 인터넷 무료 교육 등. 수행과 나눔이 바로 옥천사에 있었다.

다시 시선을 돌리니 일주문 중앙에는 '眞山玉泉寺^(장산옥천사)'라는 편액과 함께 양 기둥에는 '山色文殊眼 水聲觀音耳^(산색문수안 수성관음이 - 산색은 문수보살의 눈이요, 물소리는 관음보살의 귀로다)' 글씨가 당당하게 서 있다. 그런데 이것보다 더 눈에 들어온 것이 있었으니, 바로 '남모르게 남을 도웁시다' 현수막이다. 한 번에 옥천사의 정체를 알 수 있었다.

정체를 알고 나니 마음이 편해졌다. 옥천문화원을 따라 대웅전으로 올라갔다. 옥천문화원에는 천초^{千草} 작은도서관과 어린이법당 등이 들어서 있다. 대웅전에 들어가니 성철 스님이 눈에서 빛을 쏘아대며 '한 눈 팔지 말고 정진하라'고 경책하는 듯했다. 참배를 마치고 접견실로 갔다.

"부처님은 우리의 연인^{戀人}"

50여 불자들이 접견실에서 주지스님을 기다리고 있다. 조금 뒤 환한 미소를 가득 담은 얼굴의 노^老 비구니스님이 들어선다. 바로 옥천사 주지 백졸 스님이다. 매월 첫 주 주말 옥천사 불자들은 능엄주 108 독송 철야 기도를 진행한다. 토요일 오후 5시 시작해 일요일 새벽 5시에 끝나는 일정이다. 본격적인 정진에 앞서 대중들은 백졸 스님께 법문을 듣고 또 지난 한 달간의 수행을 점검받는다.

"부처님은 만인의 연인입니다. 우리 모두가 부처님을 존경합니다. 또 부처님도

옥천사 일주문 모습

옥천사 대웅전에서 능엄주 독송을 하고 있는 불자들

모든 중생을 사랑합니다. 물론 때로는 무뚝뚝하기도 하십니다. 저는 지난 수십 년간 우리 부처님 전에 정열을 바쳤는데, 아직 윙크도 못 받았습니다. 하하. '우리의 마음은 하늘보다 높고, 땅보다 두텁고, 바다보다 깊고, 허공보다 넓습니다'. 진실한 나[眞我]에 있는 '무한한 능력과 영원한 자유' 그 자체의 차원을 성취하기 위해 우리는 정진을 하고 기도를 합니다. 능엄주를 독송하는 것은 내 속에 있는 착각, 망상, 편견을 없애 가는 화두입니다.

원願을 세워 정진하세요. 우물에 눈이 떨어지면 녹습니다. 하지만 계속 내리다 보면 우물에 물이 찹니다. 드넓은 산에 눈이 내리면 처음에는 녹고 맙니다. 그러나 시간이 지나면 온 산이 눈 세상이 되고 맙니다. 기도는 이렇게 해야 합니

다. 지금 당장 뭐가 안 된다고 실망하지 말고 하기 싫어도 하고, 하고 싶으면 더 하고, 그렇게 꾸준하게 해야 합니다. 그러면 언젠가 좋은 날이 오는 것입니다."

백졸 스님의 법문에는 웃음과 흥이 함께 했다. 불자들은 때로는 박수를 치며, 때로는 고개를 끄덕이며 말씀을 듣는다.

한 시간여의 법문이 끝나고 사람들은 능엄주 독송을 위해 대웅전으로 자리를 옮겼다. 그런데 몇몇 신도들은 자리에서 꿈쩍하지 않고 고민을 털어놓기 시작했다. 순간 백졸 스님은 인자한 어머니로 변해 있었다.

"절을 계속해오다 엊그제부터 매일 삼천배를 시작했습니다. 오늘까지 3일을 했는데 너무 겁이 납니다. 우선 21일을 하려고 하는데, 어떻하면 좋겠습니까?"

"그러면 100일을 해봐. 100일 해도 안 죽어. 화두 있지? 삼서근▦▦ 화두를 절대 놓치지 않겠다는 생각으로 100배씩 나누어서 해. 망상이 있었는지 없었는지 화두로 점검하면서 하면 아주 상큼한 정신력이 계속돼서 좀 더 수월하게 할수 있어."

"108배를 49일 했는데 몸이 너무 아픕니다. 의사가 무슨 일 있냐고 물어요. 어떻게 해야 좋을까요?

"안하다 절을 하니까 몸이 아픈 거야. 좀 더 익숙해지면 금방 괜찮아져. 의학으로 해명 못하는 것이 우리 기도야. 그래도 계속 아프면 병원에서 치료를 하면서 해봐. 몸뚱이는 쉬고 놀아주어도 아픈 거야."

"지난달에 스님께 일과 500배를 받았습니다. 절을 하다 보니 재미가 있어서 700배, 800배를 했습니다. 결국 며칠 못가 탈이 났습니다. 병원에 갔더니 방광염이 왔다고 합니다."

"욕심을 부리면 안 돼. 방광염이 다 낫지를 않았으면 한 번에 하지 말고 몇 번 나눠서 해. 절은 재미있지?"

"네."

"그러면 다시 일과를 줄게. 300배씩 3번해. 능엄주는 30독을 하고. 할 수 있겠어?"

"주시는 대로 하겠습니다."

"부지런히 해. 금방 늙는다."

오후 5시가 되자 백졸 스님과 함께 대웅전으로 갔다. 법문에 참석하지 못한 사람까지 150여명의 대중들은 흔들림 없이 독송을 해 나갔다.
"스타타가토스니삼 시타타파트람 아파라지탐 프라튱기람 다라니……" 몇
번을 읽어보긴 했지만 아직도 생소한 단어에 숨이 멎을 듯하다. 그러나 대중
들은 전혀 개의치 않는다. 능엄주 독송을 하는 불자들을 본 뒤 자리를 다시 옮
겨 백졸 스님의 수행여정을 듣기 시작했다.

"니 등가원리(E=mc2) 아나?"

백졸 스님은 1974년에 옥천사로 왔다. 기도하고 수행하기 좋은 절을 찾던 중
만난 곳이 옥천사다.
"지금은 상상할 수 없겠지만 그때 옥천사는 깊은 산중에 있었습니다. 옥천사
에 오니 개울물도 흐르고 물레방아도 돌고 있었어요. 화두를 챙기면서 절 좀
실컷 하려고 왔습니다. 처음에는 한 철만 있으려고 했는데, 절에 계시던 스님
이 다른 사찰로 가버렸어요. 그래서 자의반 타의반으로 눌러 앉았습니다.

처음에는 대중도 없으니 기도하기가 좋았습니다. 그러다 '옥천사에 절을 하는
스님이 있다'고 소문이 났는지 신도들이 와서 대웅전 앞마당에서 절을 하기 시
작했습니다. 그걸 두고 볼 수 없어서 불사를 해 지금의 옥천사가 되었습니다."
출가 이후 수행 외에는 관심이 없었던 백졸 스님은 자신의 정진을 위해 옥천사
에 왔던 것이다. 자연스럽게 불교와의 인연으로 이야기가 이어졌다.
"사실 제가 어렸을 때 남동생이 먼저 세상을 떠났습니다. 부모님께서는 저를
비롯한 형제들에게 너무 잘 해주시는데 슬픔에 빠진 부모님을 위로해 드리지

도 못하고 무엇 하나 도와드릴 수 없는 제 자신이 너무 한심했습니다. 한참 힘들어 하시고 계실 때 주위 분들의 소개로 어머니는 성철 큰스님을 친견하게 되었고 큰스님께 많은 가르침을 받으셨습니다.

하루는 어머니께서 저에게 병원에 가자고 하셨습니다. 무슨 일인가 했더니 큰스님께서 부산 시내 한 병원에 잠깐 입원을 하셨습니다. 그래서 저도 따라 나섰습니다.

병실 문을 여는 순간 정말 사람한테서도 빛이 난다는 얘기를 실감했습니다. 큰스님의 눈에서 빛이 나오는데, 정말 당황스러웠습니다. '스님이라는 사람'을 처음 봐서 그런 것인가 했더니 그것도 아니었습니다. 인사를 드리고 조금 있다가 궁금한 것이 생겨서 큰스님께 여쭈었습니다.

'스님은 왜 스님이 되셨어요? 그 길에는 어떤 좋은 것이라도 있습니까?'

'……. 가시나! 니 등가원리 아나?'

'네.'

조금 당돌하게 여쭈었음에도 큰스님은 등가원리(E=mc2)에 대해 차분하게 설명하셨습니다. 이 원리에서 핵폭탄이 만들어졌다고 하시며 모든 질량(m)에는 광속을 자성한 만큼의 막대한 힘이 있듯이 우리 정신력에도 핵폭탄 이상의 능력이 있다, 아니 더 큰 능력을 찾을 수 있다고 하셨습니다. 무한한 능력과 영원한 자유를 얻을 수 있다고 하셨어요. 불교 용어를 하나도 쓰지 않고 말씀하시는데 정말 놀랐습니다. 그 때의 큰스님 말씀에 제 마음은 대지진을 겪은 것처럼 흔들려 버렸습니다. 하하."

성철 스님의 말씀을 듣고 보니 평소 꿈꾸던 의사나 교육자, 자선사업가가 다 부질없다는 생각이 들었다. "나도 핵폭탄 같은 사람이 되어 사람들의 마음을 변화시키는데 기여하겠다." 백졸 스님은 다짐했다.

스님은 다시 성철 스님을 만나러 파계사 성전암으로 갔다. 성철 스님에게 '영원한 자유'를 얻을 수 있는 방법을 여쭈었다.

"한 가지만 하면 된다. 참 좋은 것이 있데이. 알고 싶나?"

"네."

"니 그럼 등록금 내라!"

"네. 내겠습니다."

"그란데 그 돈은 한국은행권이 아니야!"

스님은 삼천배를 하고 오라는 말씀임을 알아차렸다. 몇 번의 실패 끝에 스님은 삼천배를 하고 '삼서근麻三斤' 화두를 받았다. 성철 스님은 "이 화두를 놓치면 살아 있어도 송장이다."며 부지런히 참구할 것을 당부했다.

화두를 받고 보니 모든 일은 후순위가 되어 버렸다. 오직 화두만을 붙잡기 위해 발버둥 쳤다. 4층에 있던 방에 홀로 앉아 있으니 전차 지나가는 소리, 사람들 오가는 소리, 동생들 뛰어 노는 소리가 크게 들렸다. 화두에 집중을 할 수 없었다.

그래서 공부에만 집중할 수 있는 방법을 찾았다. 결론은 '가출'(?)이었다. 1956년, 스님은 부모님께 일주일만 절에 가서 공부하겠다고 말씀을 드리고 해인사 청량사로 갔다. 청량사에서 친구 불필 스님을 만났다. 공부를 하다 보니 일주일이 한 달이 되고 또 3개월이 훌쩍 지나버렸다. 일주일만 공부하고 오겠다는 약속을 지키지 못하고 스님은 다시 거처를 옮겼다. 그렇게 태백산 홍제암, 대승사 묘적암과 윤필암, 석남사 등으로 다니며 공부를 했다. 그 사이 시간은 벌써 2년이 흘러 버렸다.

"공부가 생각만큼 안됐어요. 그래서 '장기전'을 생각했습니다. 결국 큰스님께 출가하겠다고 말씀드렸습니다."

성철 스님은 스님에게 '백졸百拙'이라는 법명과 함께 게송을 내렸다.

住在千峯最上層
주 재 천 봉 최 상 층

年將耳順任騰騰
연 장 이 순 임 등 등

免教名字掛人齒
면 교 명 자 괘 인 치

今朝甘作百拙僧
금 조 감 조 백 졸 승

머무는 곳은 깊은 산속

나이 육십에 이르러 자유자재함이라.

이름이 사람들의 입에 오르내림을 벗어나

금일에 이르러 이제 백졸승이 됨이라.

"백가지가 못났다는 말입니다. 잘난 것은 하나도 없고 못날 대로 못났으니 바보처럼 공부만 하라고 주셨어요. 하하."

성철 스님에게 법명을 받은 스님은 울산 석남사로 가 인홍 스님을 은사로 출가했다. 스님이 성철 스님을 모시고 공부하고 있던 것을 알았던 인홍 스님은 출가를 반겼다고 한다.

백졸 스님

성철과 인홍, 최고의 스승

잘 알려져 있듯이 인홍 스님 역시 성철 스님을 스승으로 여기며 공부를 했었다. 당시 불교계에서는 인홍 스님이 '비구니계의 성철'로 회자되던 시기이기도 했다. 출가를 결심하고 찾아온 제자가 성철 스님에게 공부를 배웠다고 하니 인홍 스님 역시 기대가 컸을 것임을 어렵지 않게 짐작할 수 있다. 백졸 스님은 인홍 스님을 "본분에 투철한 참스승"이라고 강조했다.

"은사스님은 평생 승려의 본분을 지키며 정진하셨고 또 후학들을 위해 헌신하셨던 분입니다. 은사스님께서는 특히나 젊은 후학들이 한 눈을 팔면 가차 없이 혼을 내셨던 기억입니다. 석남사에 살 때 전 대중이 팀을 이뤄 탁발을 나갔습니다. 탁발 기한은 일주일이었는데 제가 속해 있는 팀이 일주일을 훨씬 넘겨 석남사로 돌아왔습니다. 절로 들어가는데 시래기가 보였습니다. 시래기를 보는 순간 겨울 김장이 다 끝났다는 것을 알았습니다. 그리고 은사스님께 엄청 혼날 것이라는 것도 생각했습니다.

아나나 다를까, 은사스님께서는 저희 일행을 보시자마자 커다란 대나무 작대기로 저희들을 쫓으셨습니다. 대중생활을 못했다는 경책이었습니다. 며칠 동안이나 참회를 해서 겨우 살아남았습니다.

또 한번은, 대중들이 다 같이 산에 가서 나무를 하고 나면 함께 모여서 차를 마십니다. 그런데 젊은 스님들 입장에서 보면 그것이 조금 지루합니다. 어른들 사이에서 차를 마시고 앉아 있는 것도 편하지는 않고요. 은사스님께서는 차가 마시기 싫으면 산에 가서 나무를 한 짐 더 해오라고 하십니다.

지금 생각해보면 모두 여법한 대중생활을 위한 훈련 과정이었는데 저희들이 스님 속도 모르고 너무 철없이 살았습니다."

백졸 스님은 석남사 시절에도 화두와의 대결을 게을리 하지 않았다. 그럼에도 공부가 수월하지는 않았다. 성철 스님을 찾았다. 성철 스님의 당부는 한결같았다. "한 길로 묵묵히 가라."는 것이었다. 성철 스님을 만나고 오면 공부가 잘 됐다. 그러다 시간이 지나면 다시 지지부진. 또 성철 스님을 찾아 갔다. 몇 번을 그렇게 하니 10년이 훌쩍 지나버렸다.

"공부를 해보니 시간이 갈수록 망상은 적어집니다. 그렇다고 공부가 분명한 것은 아니었어요. 그러니 속에서 불이 납니다. 『선관책진』에 보면 원오 선사께서는 '10년 동안 이연(망상)이 없었다'고 말씀을 하신 구절이 나옵니다. 저는 한 시간도 어려운데 10년간 번뇌망상이 없었다는 말씀을 보고 너무 부러웠어요. 결국 또 큰스님을 찾아 갔습니다."

성철 스님은 백졸 스님이 공부를 물으러 온 것을 알고 다른 처방을 내렸다. '화두 중에는 능엄주 화두가 제일 크데이.'

"능엄주를 하라는 큰스님 말씀을 들어도 '필(feel)'이 안와요. 옥천사에 와서 대중들에게 그 얘기를 하니 제 상좌인 정혜 스님이 삼천배와 능엄주 독송 10년 기도를 하겠다고 서원했습니다. 저는 격려만 해줬지 같이 하지는 못했습니다. 그러다 하루는 밭에서 일을 하고 있는 대중들을 보니 온 몸에 빛이 넘쳐요. 그때 대중들이 모두 능엄주와 절을 하고 있었거든요. 꼭 살아 움직이는 산수화 같았어요. 그래서 저도 삼서근 대신 능엄주로 바꾸었는데, 처음에는 변속이 어려웠지요.

능엄주는 3000 글자가 넘어요. 외우다가 한 글자만 틀리면 다시 해야 합니다. 그러니 집중을 안 할 수 없습니다. 고도의 집중력이 요구됩니다. 화두는 상대적으로 망상이 비집고 들어올 여지가 많습니다. 계속 하다 보니 큰스님께서 말씀하신 '능엄주가 화두', 즉 화두 공부는 착각(망상)에 매몰되지 않는 노력이라는 것을 이해하게 됐습니다."

스스로 엮은 책, 『수도팔계』

'능엄주(대불정능엄신주)'는 『능엄경』에 있는 주呪로써, 이 주문을 외우는 사람
은 세간에서 뛰어난 지혜를 이루고 모든 선신善神이 밤낮으로 따라다니며 보호
한다고 한다. 또 능엄주를 독송하면 온갖 죄업이 사라져 청정한 본래 근본으
로 돌아갈 수 있다고 전해진다.

백졸 스님은 능엄주 독송을

1. 정확하게 할 것
2. 침착하게 할 것
3. 외워서 할 것
4. 속도 있게 할 것
5. 시간적으로 연속해서 할 것을 주문했다.

스님은 또 능엄주 독송의 효험으로 『마조록』의 한 구절을 예로 들었다.
'心地若空 慧日自現 雲開日出 具足一切功德 自然具足神通妙用(심지약공 혜일자
현 운개일출 구족일체공덕 자연구족신통묘용) - 마음대지가 텅 비면 구름장이 열리고 해가 나오
듯 지혜의 햇살 일체공덕이 저절로 나타난다.' 또 『기신론』의 '妄心滅卽 法身
顯顯(망심멸즉 법신현현) - 망상 착각, 편견, 혼침이 사라지면 즉시 법신이 나타난다'

을 제시하기도 했다.

백졸 스님은 "공부의 목적이 여기에 있어요. 저는 공부에 도움이 되는 책을 세 가지 추천합니다.『원오심요』는 공부하는 사람에게 부처님이 주신 간절한 편지라고 생각해요.『육조단경』과『돈오입도요문론』은 공부의 내비게이션입니다. 꼭 수지독송하세요."

그러면서 스님은 '오래 된 경전' 같은 표지의 책을 한 권 내보여줬다. 책 이름은『수도팔계』. '수도팔계'는 성철 스님이 수좌스님들에게 내려 준 공부지침이었다. 그런데 책이 상당히 두꺼워 보였다. 표지를 넘기고 나서야 이유를 알았다.

백졸 스님의 수도팔계

"성철 큰스님을 친견하면 꼭 여쭈었어요. 깨치면 어떠냐고요. 그러면 큰스님께서는 '눈 감고 자도 환하다'고 하십니다. 그러면서 저에게 보라고 한 책이 『신심명』과 『증도가』입니다. 두 책은 깨달음을 간결하게 노래하고 있습니다. 그래서 큰스님께서 보라고 하셨던 것 같습니다. 여기에 더해 '십현시', '순치황제 출가시', '법성게', '납자십게', '나옹스님토굴가', '수도팔계', '공부인의 5계', '예불대참회문', '대불정능엄신주', '발원문', '전경' 등을 추가해 책을 하나 만들었습니다. 책은 나름대로 만들었지만 아직도 환한 세상을 못 봐 성철 큰스님께 죄송할 따름입니다. 하하."

백졸 스님은 선배, 도반스님들과 함께 하는 모임인 '일여회 如會' 스님들에게 선물을 하기 위해 2002년에 『수도팔계』를 만들었다고 한다. 일여회에는 진관 스님, 故 묘엄 스님, 故 지원 스님, 故 정훈 스님, 성타 스님, 법희 스님 등이 함께 했다고 한다. 『수도팔계』를 선물 받은 스님들의 반응도 폭발적이었다는 전언이다. 이 책이 바로 백졸 스님의 '물건'이었던 것이다. 스님은 시간이 날 때마다 『수도팔계』를 보고 또 본다.

팔순의 노스님은 예정된 시간을 훨씬 넘기면서도 유쾌하게 인터뷰를 계속했다. 능엄주 독송이 계속 될수록 도시는 잠에 빠져들었지만 옥천사 대중들은 더 또렷하게 깨어났다. 일주문을 나서는데 이번에는 '선문정로 禪門正路' 글씨가 눈에 들어온다. 선문의 바른 길은 무엇일까? 불교의 올곧은 방향은 무엇일까? 밤을 새워 가며 정진하는 대중들과 이를 지도하는 백졸 스님 같은 어른들이 있기에 '선문정로'는 명확하다는 생각을 하며 절을 내려왔다.

스님의 물건